上海人民美術出版社

經典碑帖放大本

王羲之十七帖

孫寶文 編

十七日先書郗司馬未去即日得足下書爲慰

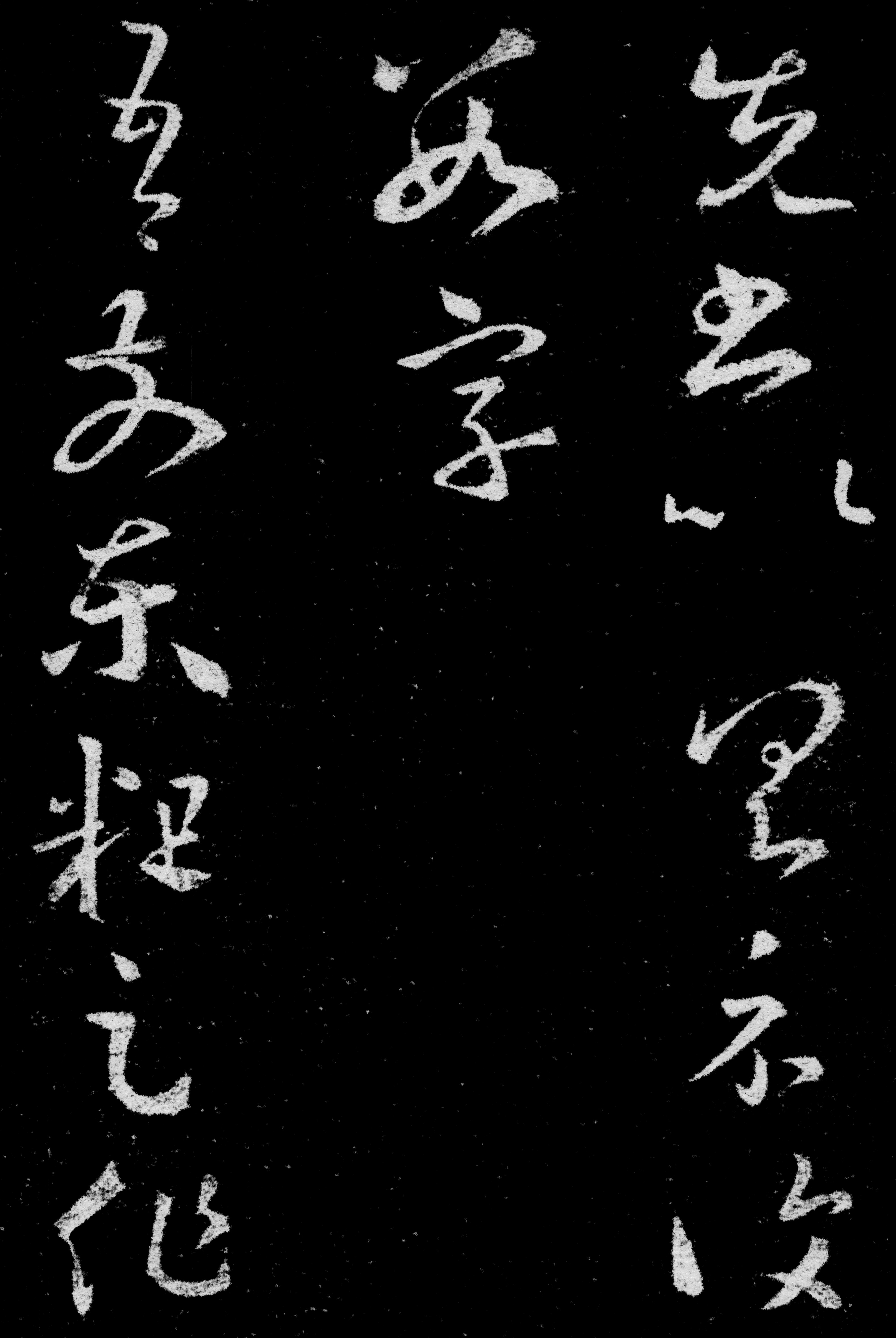

先書以具示復數字　吾前東粗足作

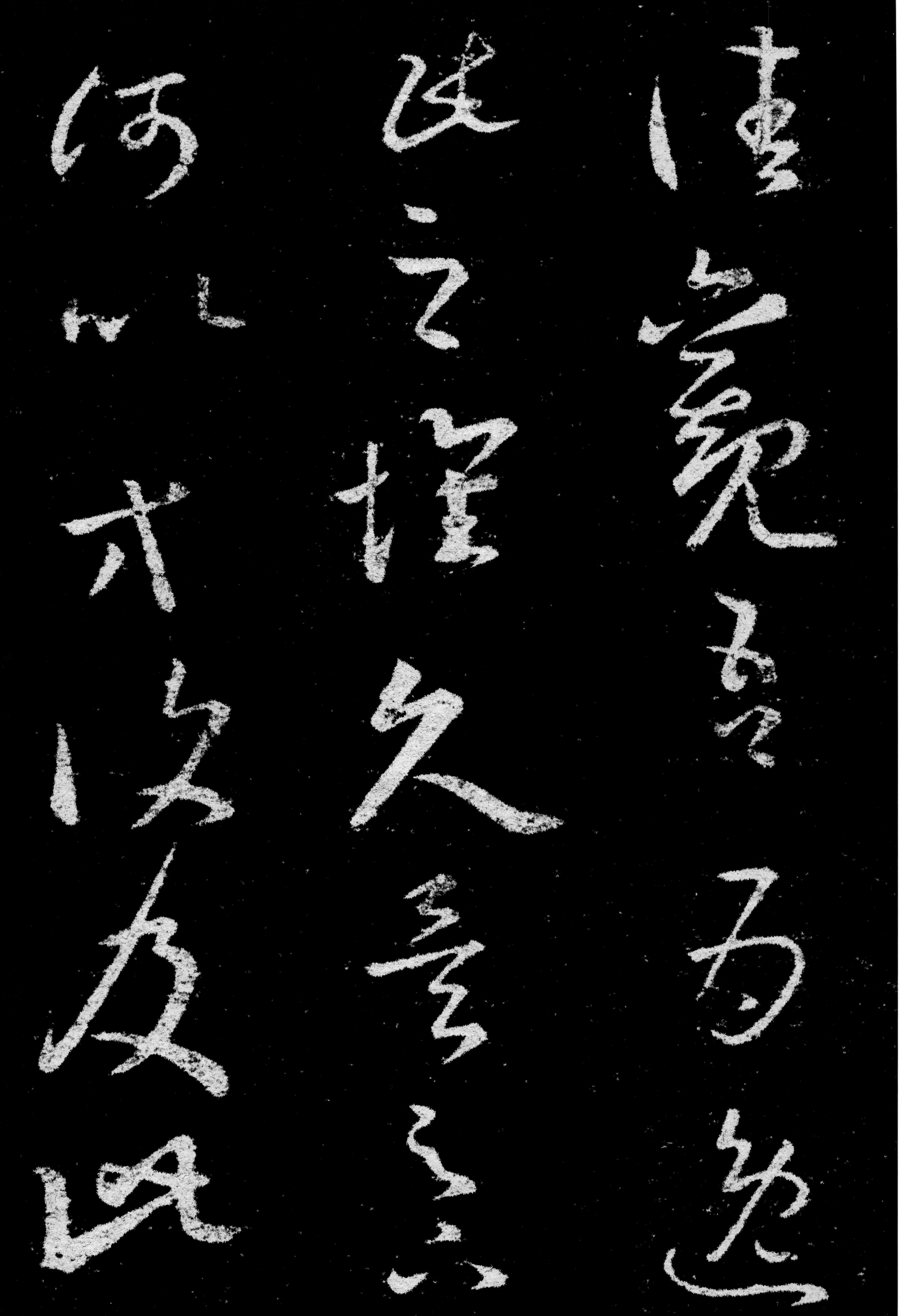

佳觀吾爲逸民之懷久矣足下何以方復及此

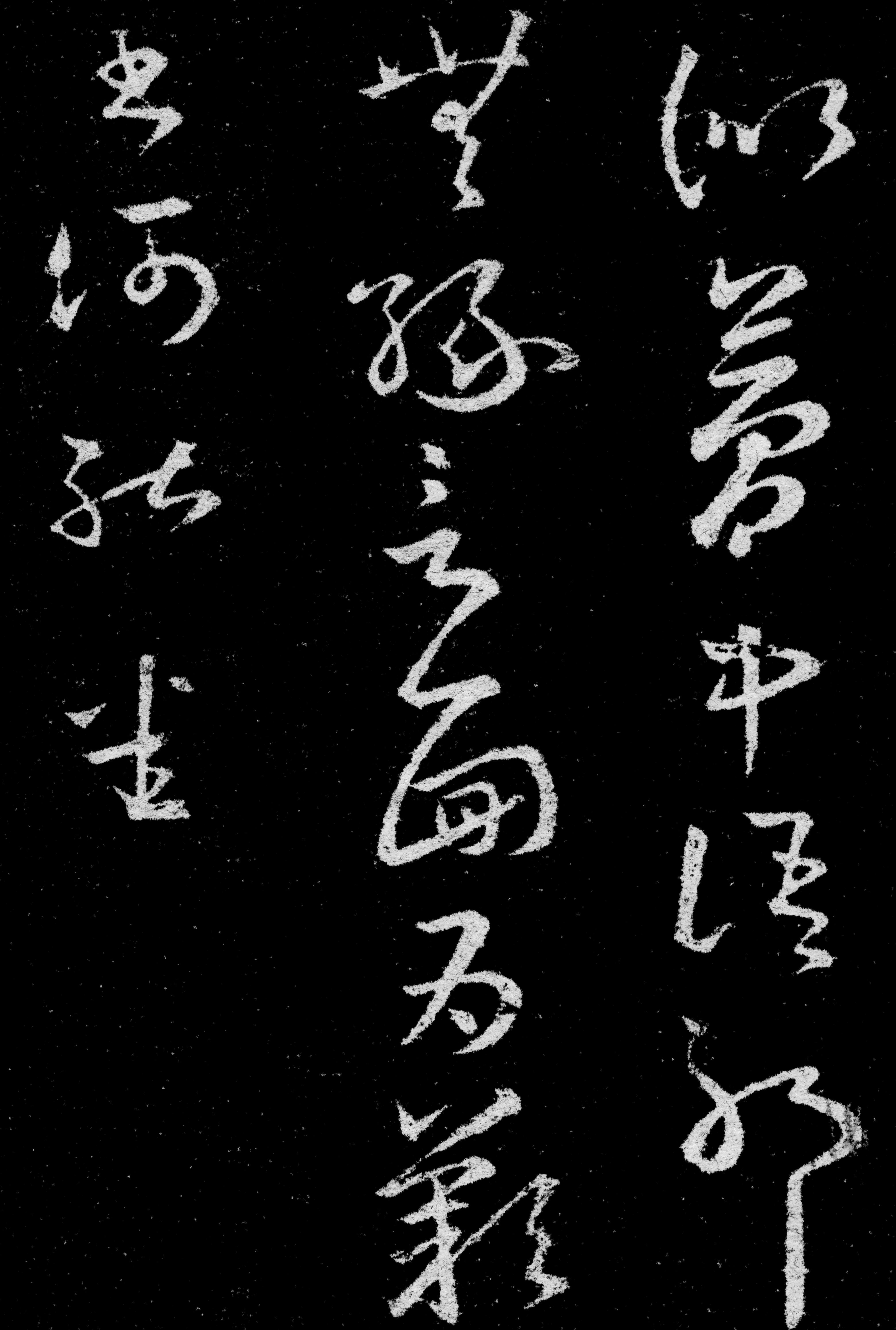

似夢中語耶無緣言面爲歎書何能悉

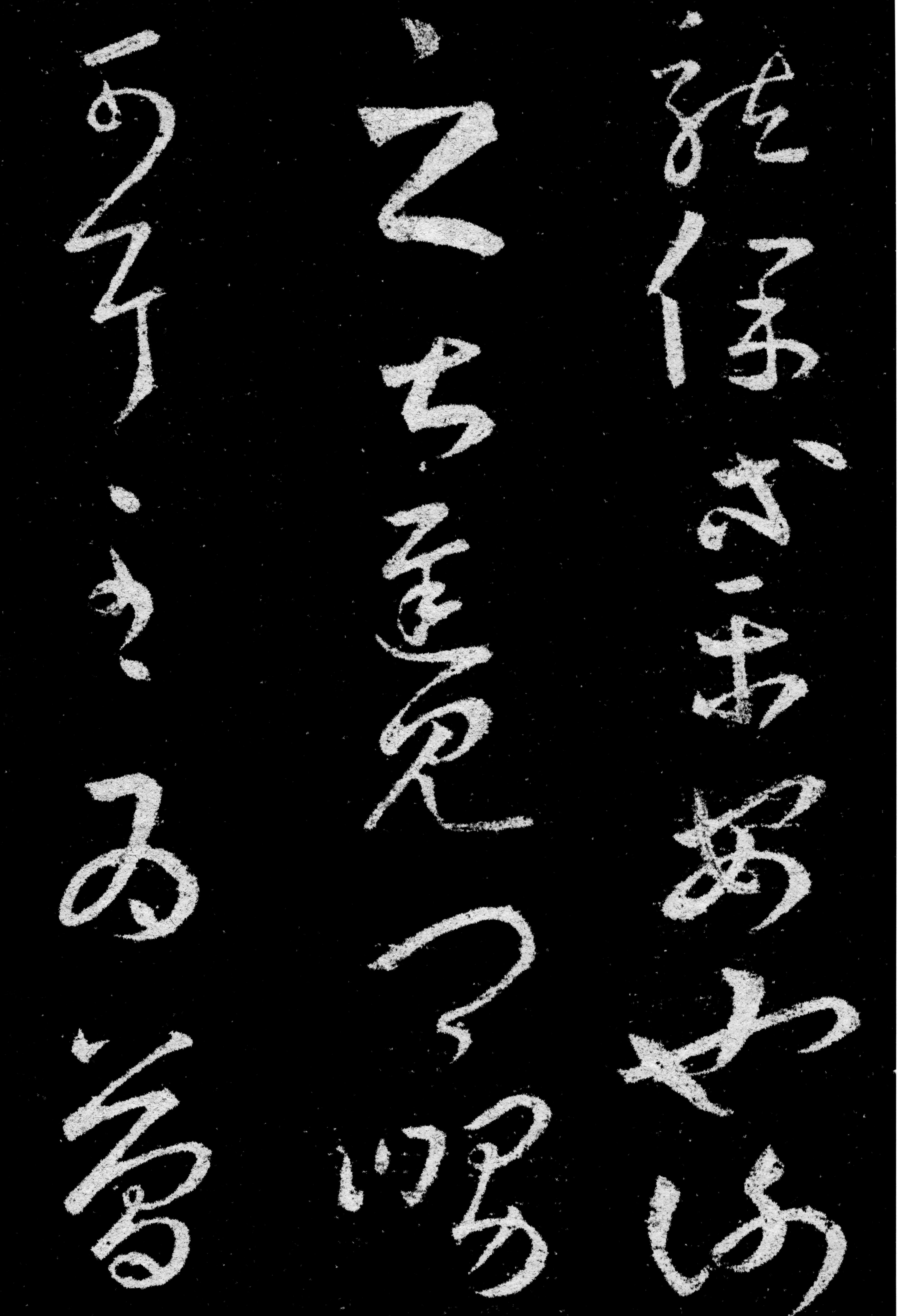

龍保等平安也謝之甚遲見卿舅可耳至爲簡

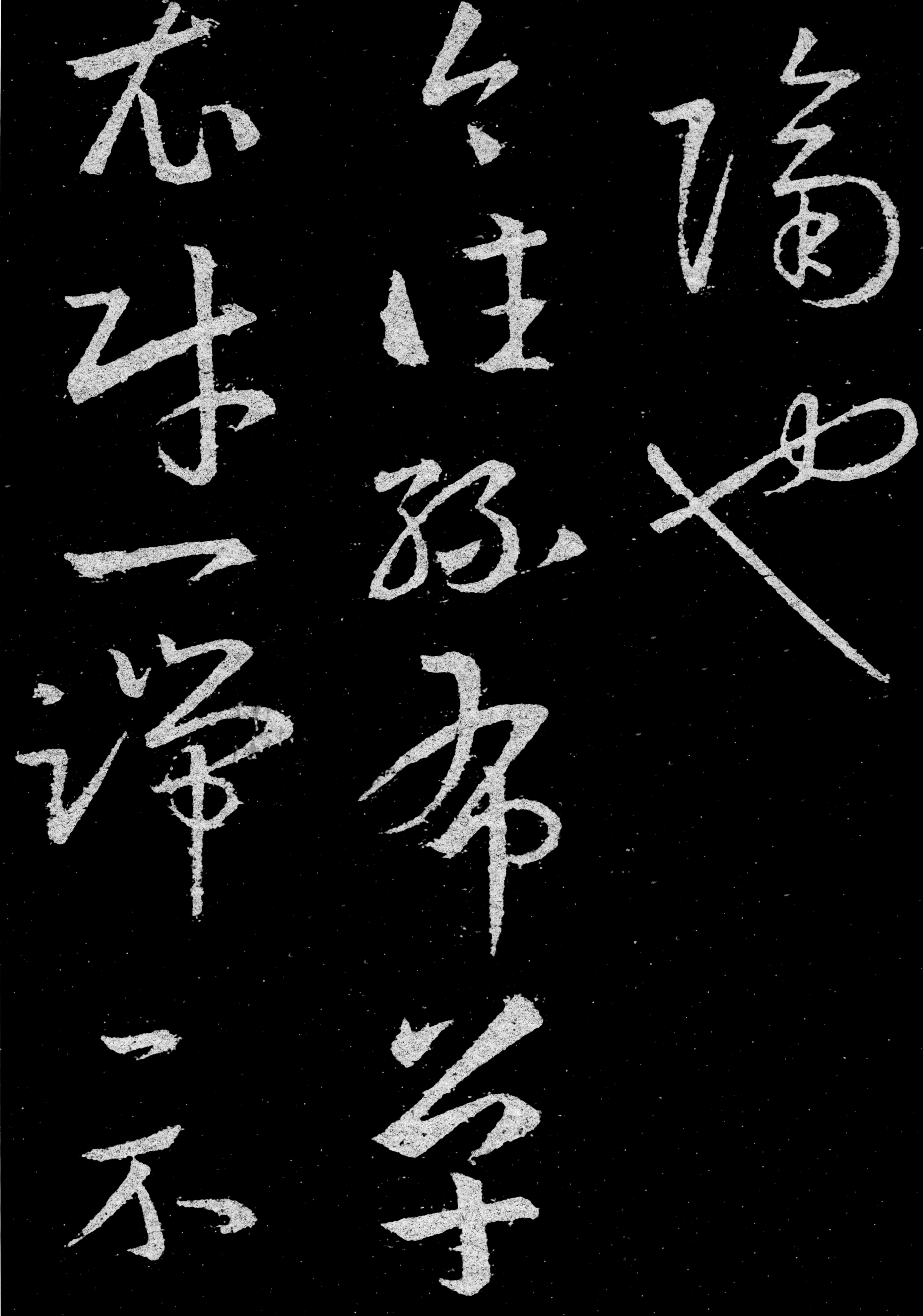

隔也　今往絲布單衣財一端示

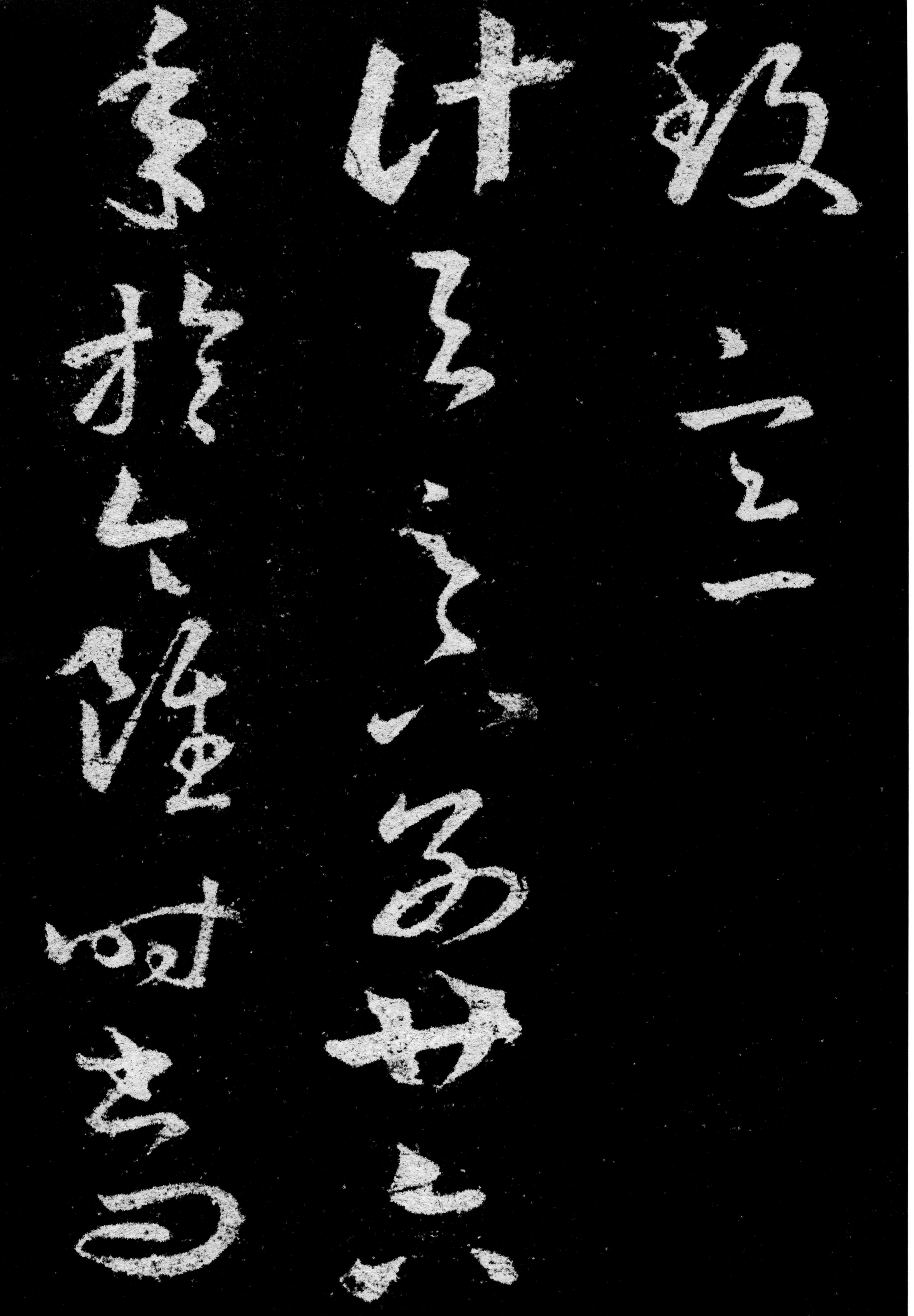

致意

計與足下別廿六年於今雖時書問

不解闊懷省足下先後二書但增歎慨頃積雪凝

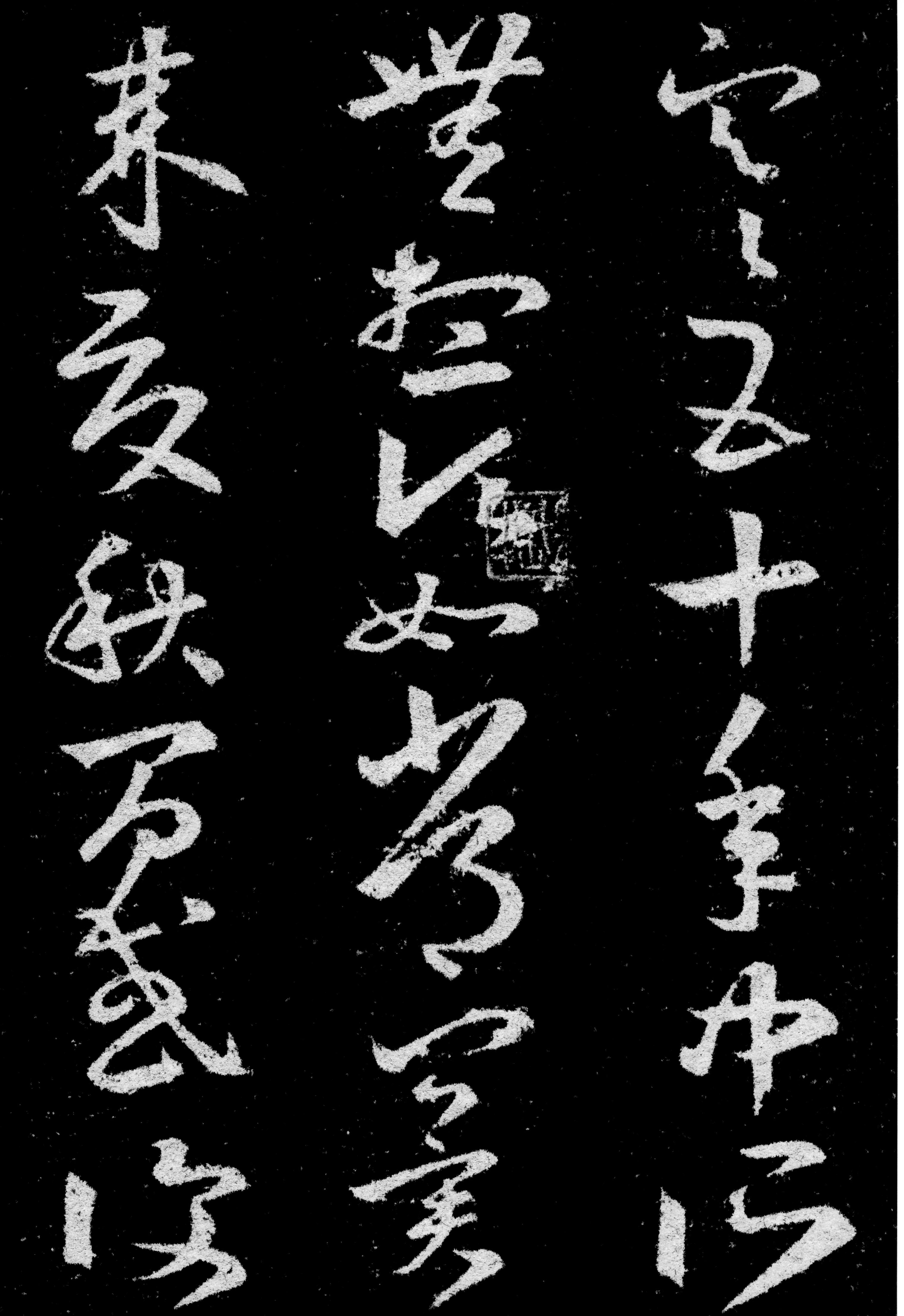

寒五十年中所無想頃如常冀來夏秋間或復

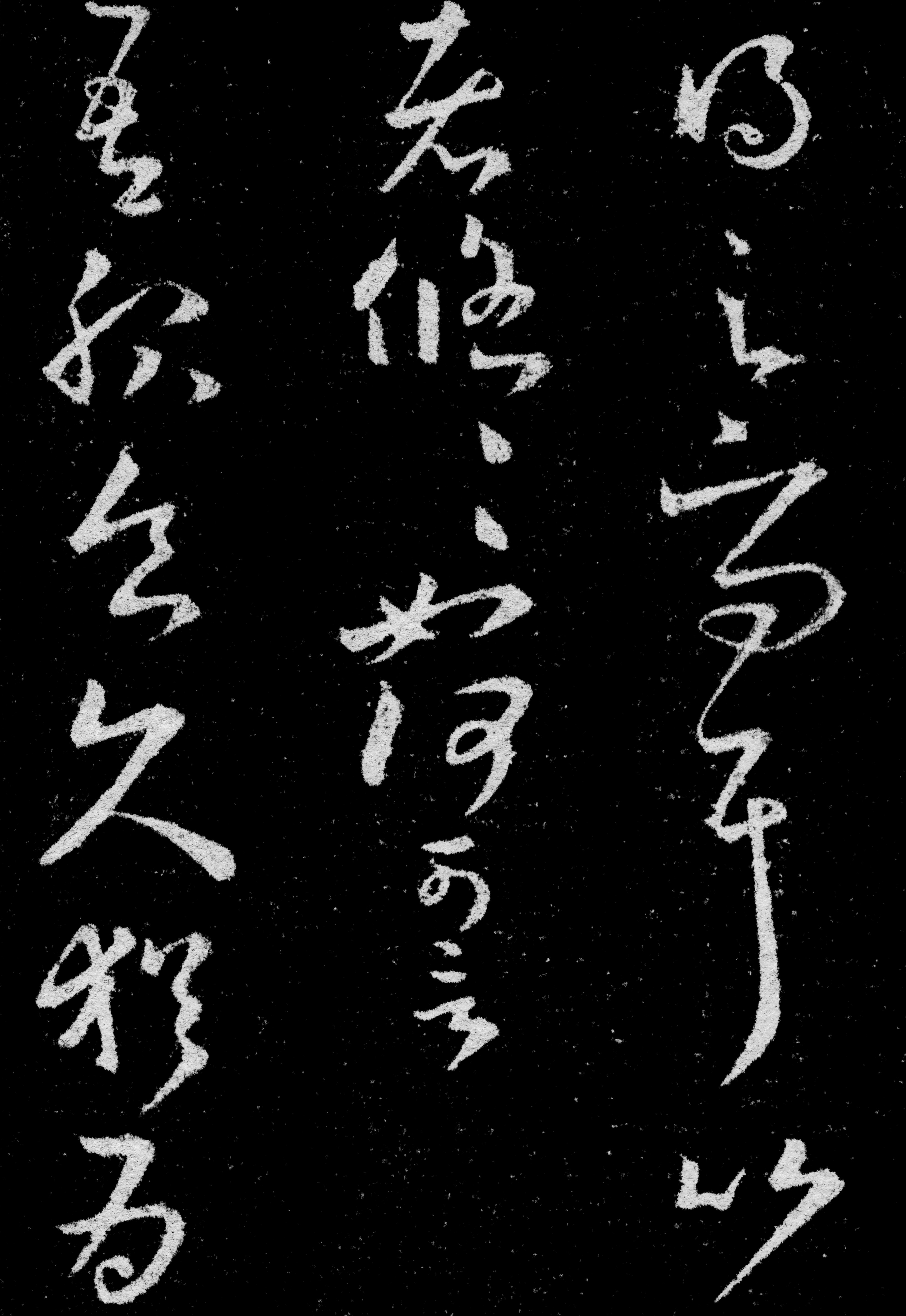

得足下問耳比者悠悠如何可言　吾服食久猶爲

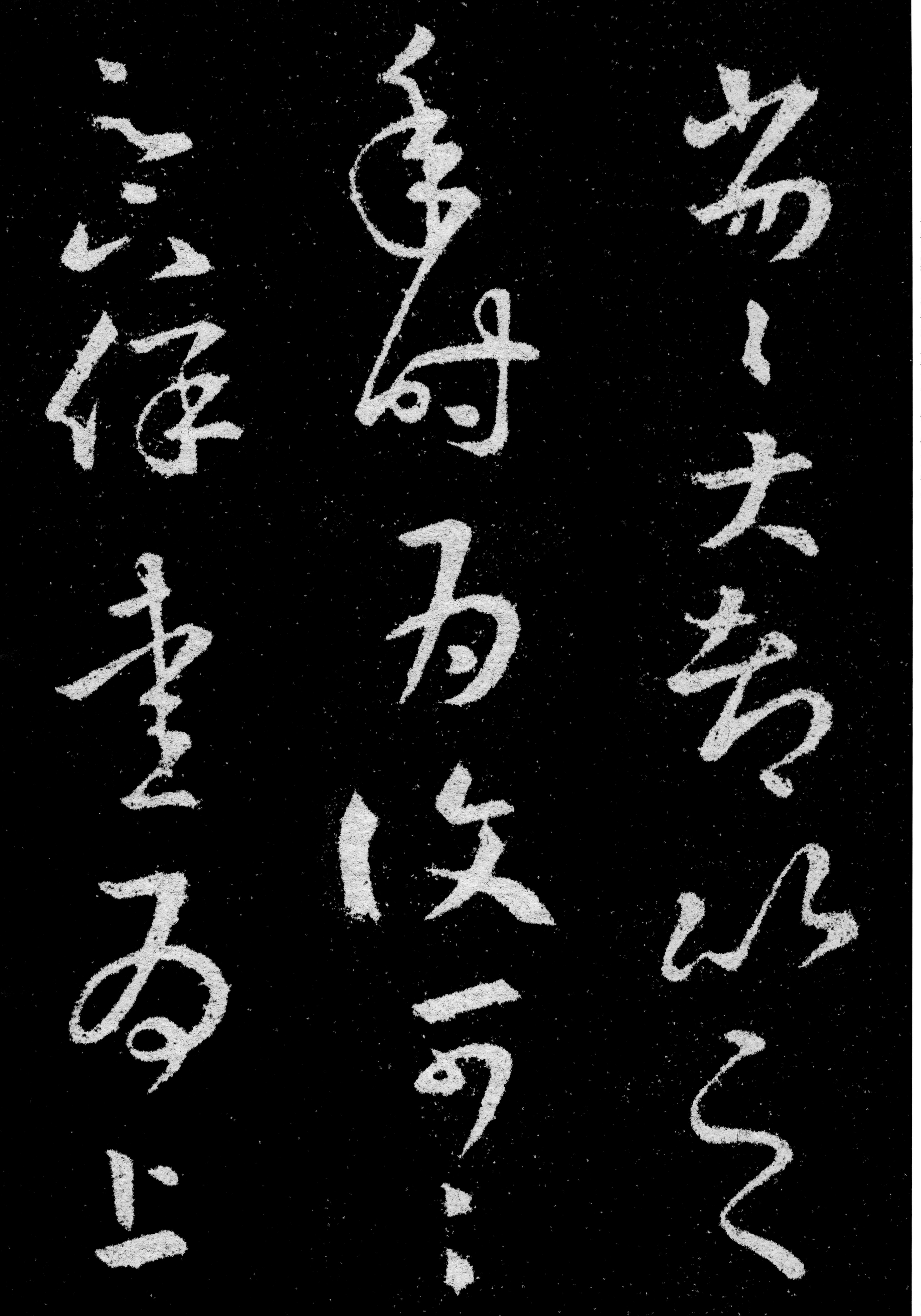

劣劣大都比之年時爲復可可足下保愛爲上

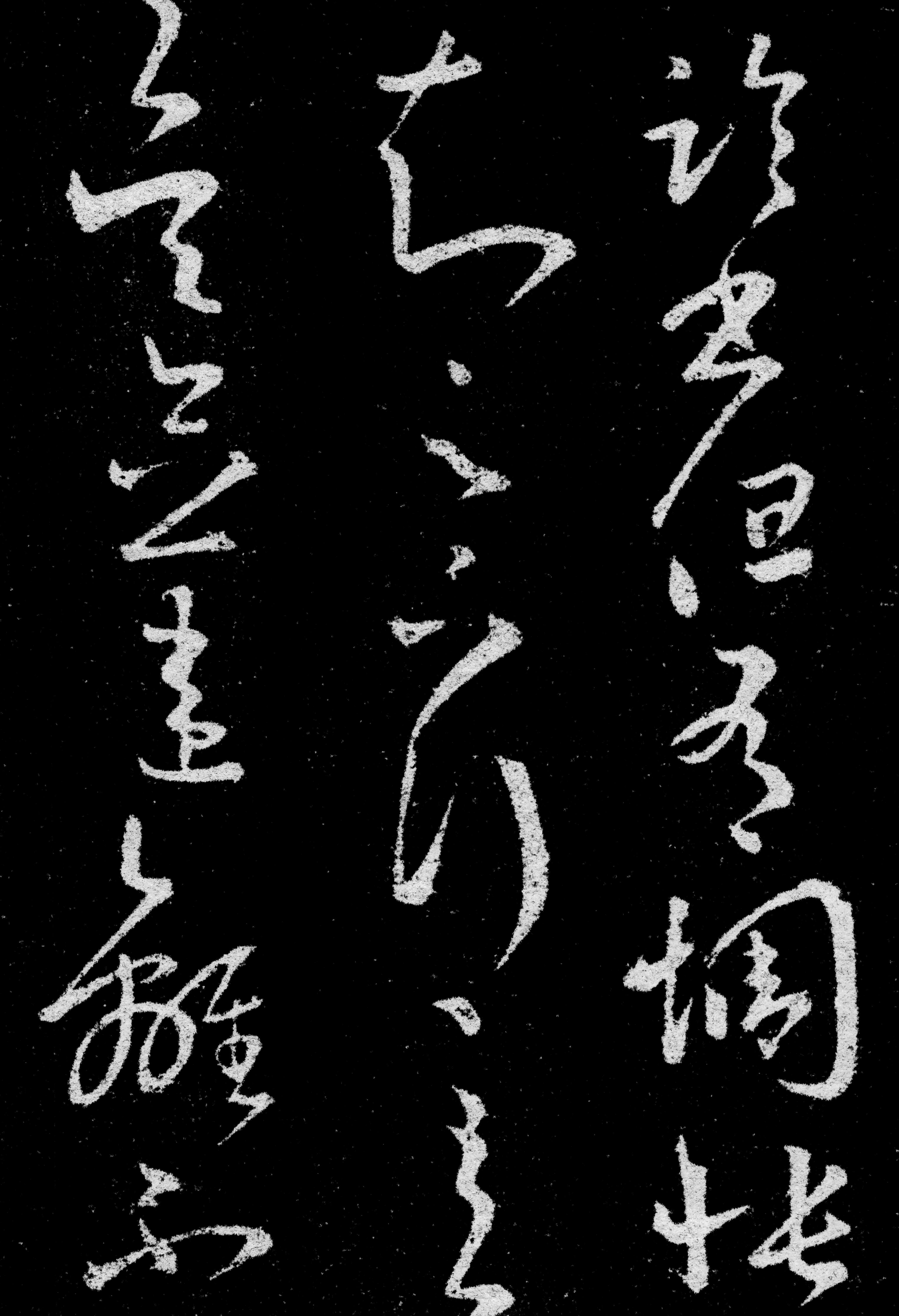

臨書但有惆悵　知足下行至吳念違離不

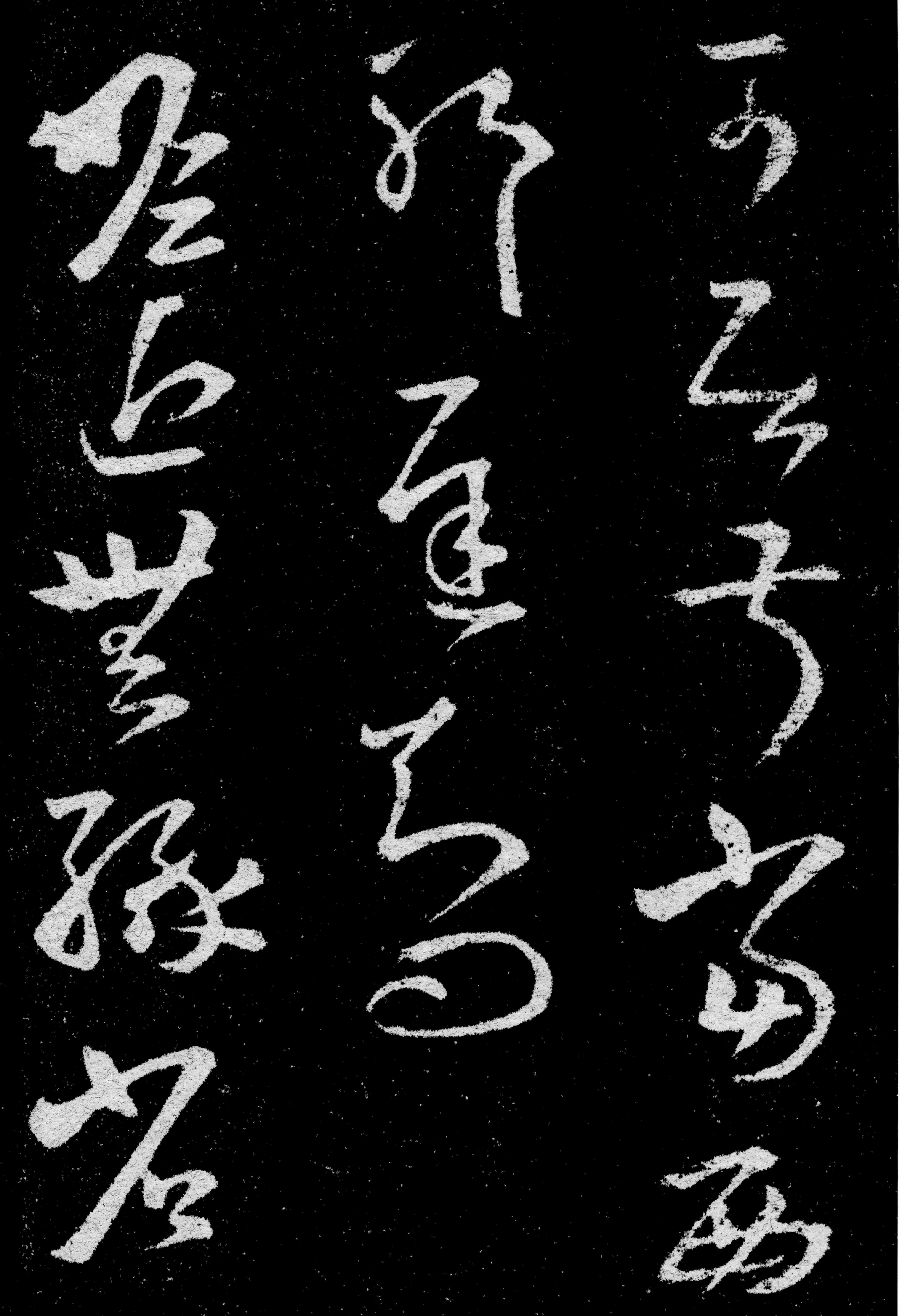

可居叔當西耶遲知問

瞻近無緣省

苦但有悲歎足下小大悉平安也云卿當來居此

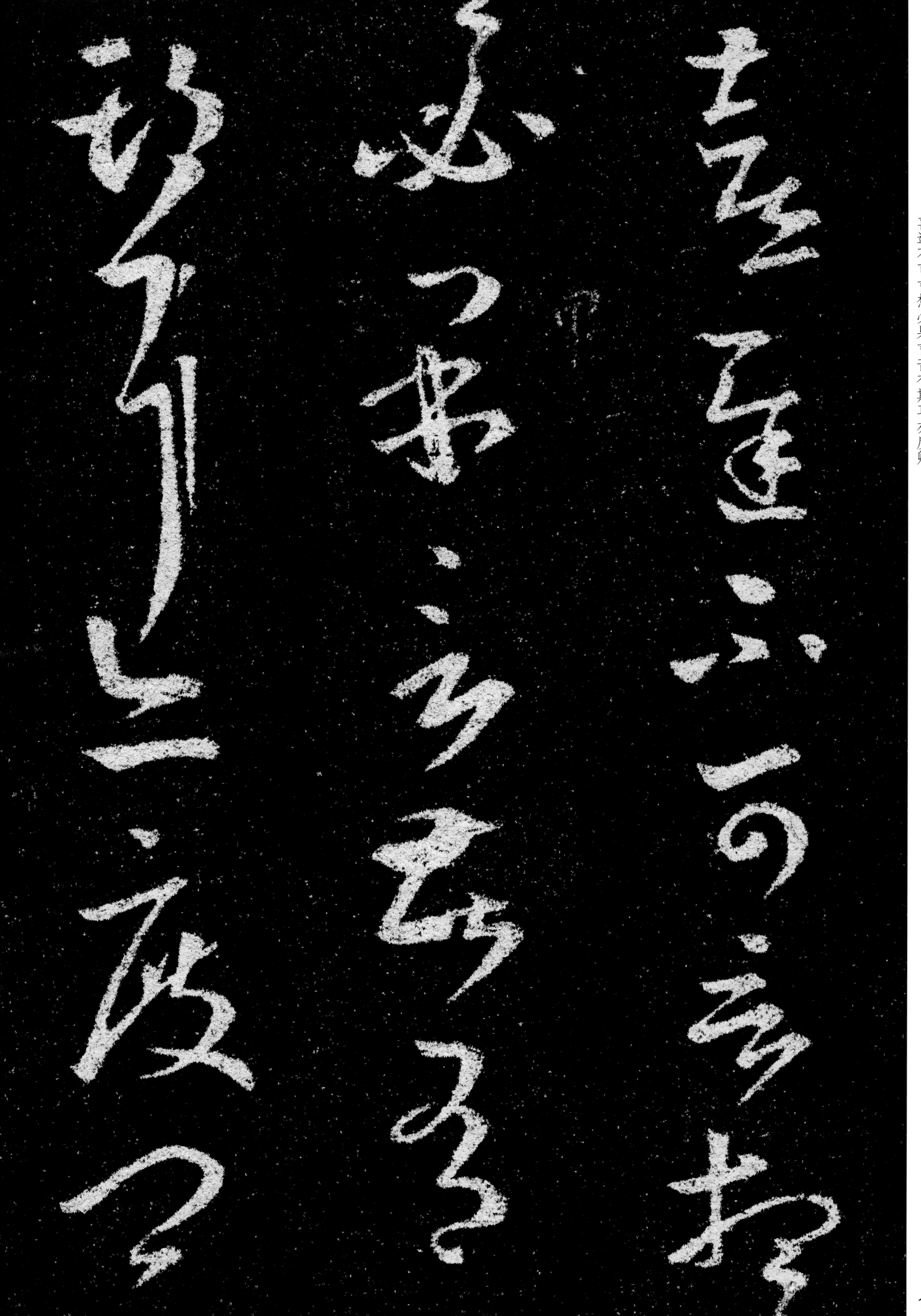

喜遲不可言想必果言苦有期耳亦度卿

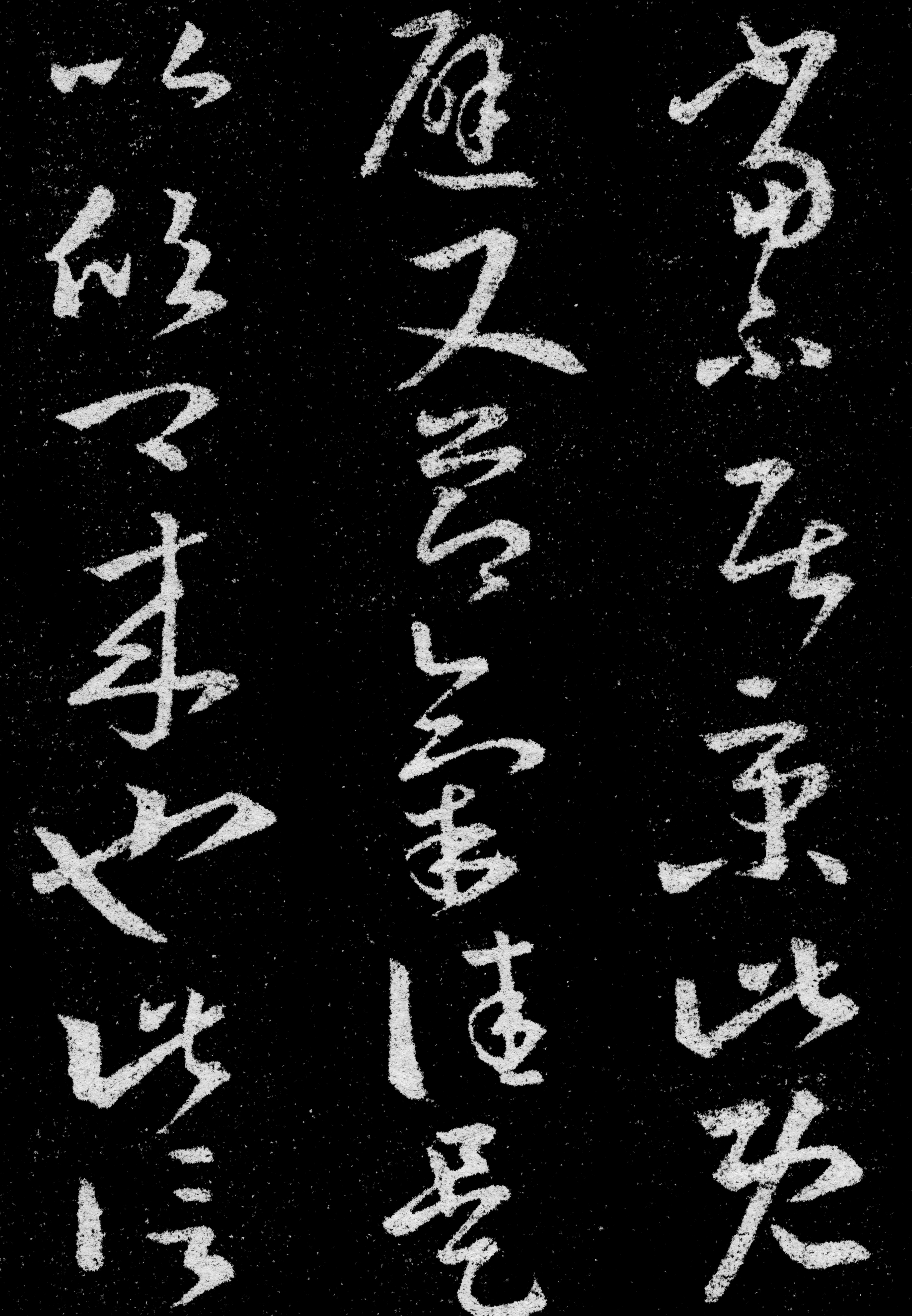

當不居京此既避又節氣佳是以欣卿來也此信

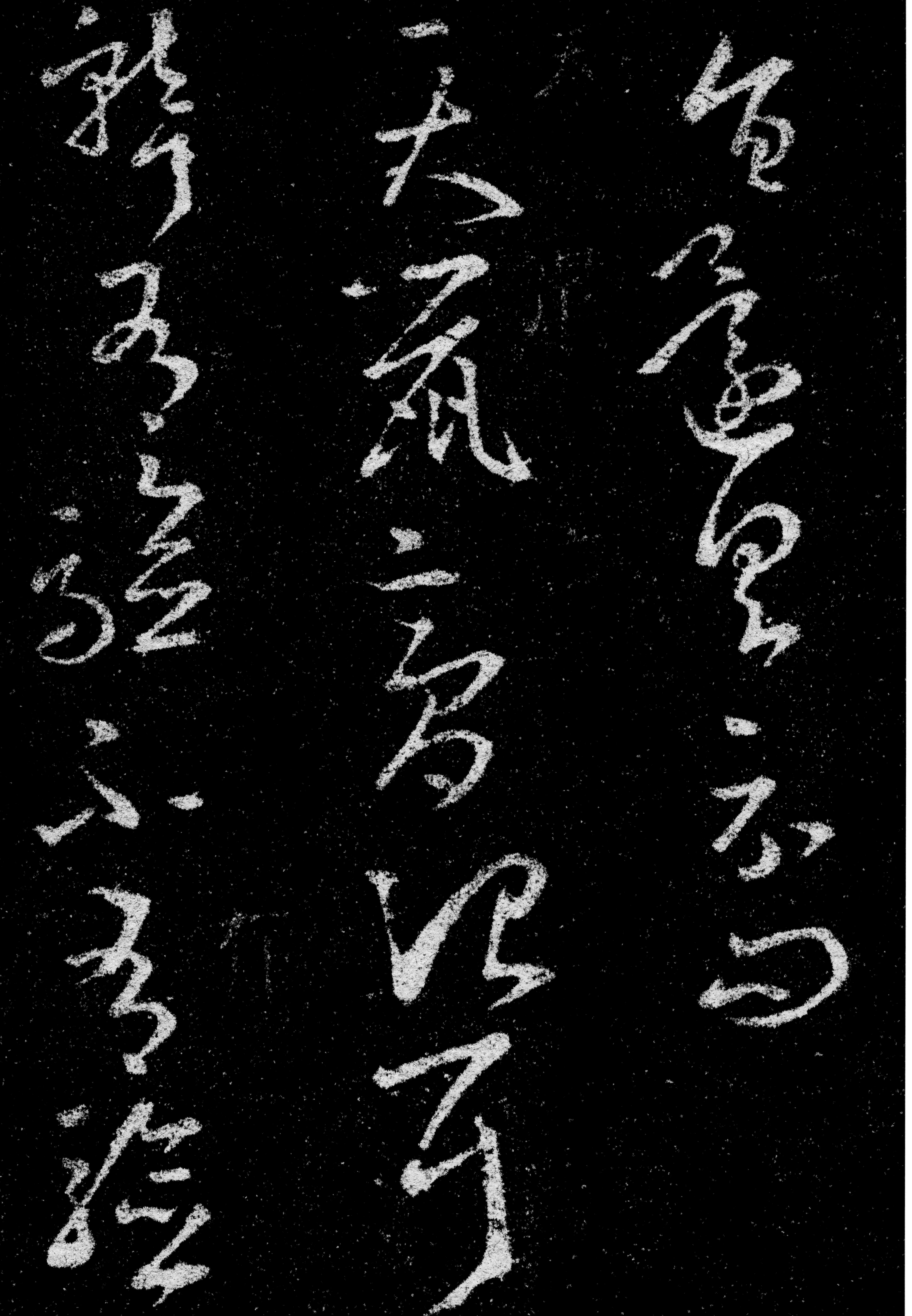

旨還具示問

天鼠膏治耳聾有驗不有驗

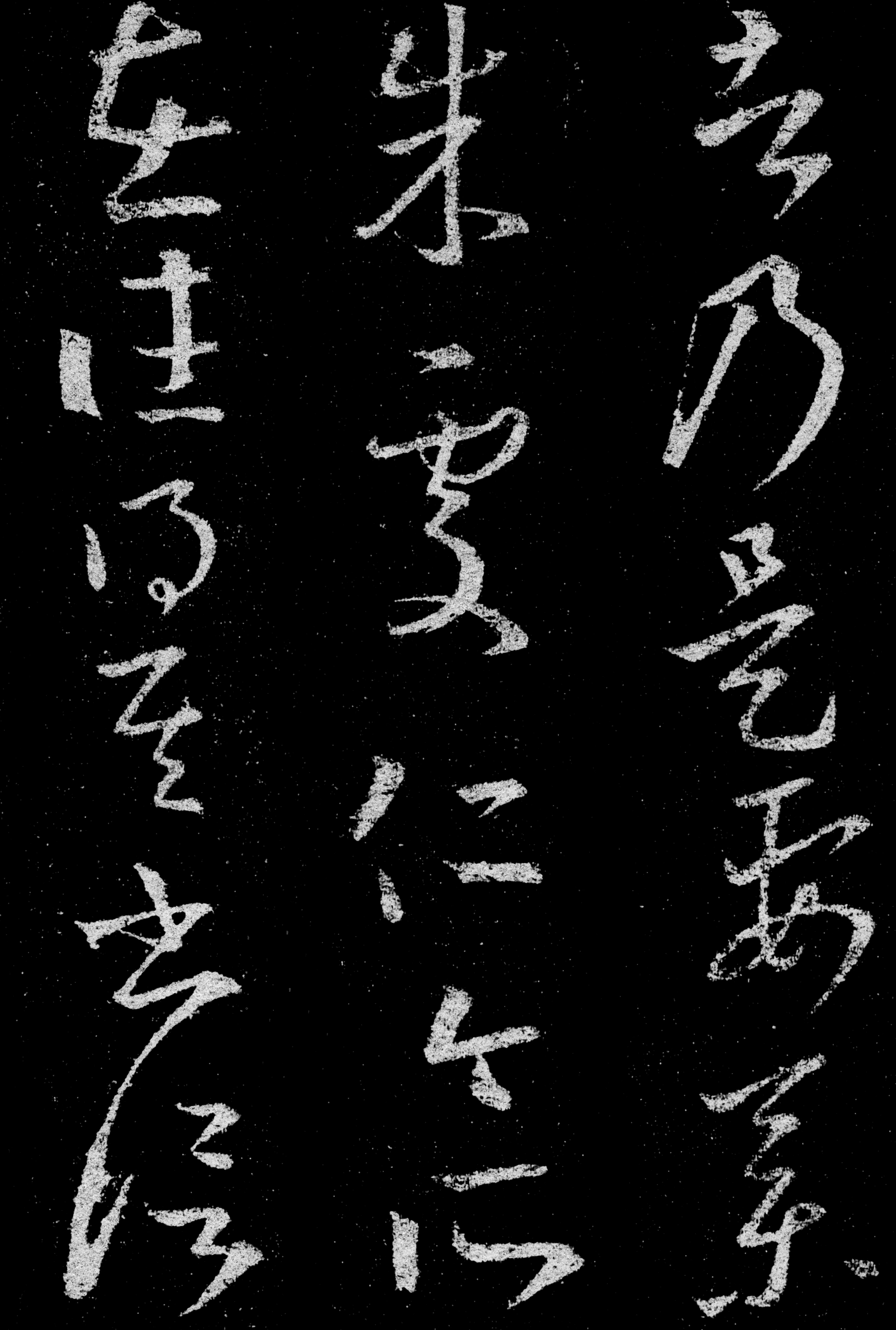

者乃是要藥　朱處仁今所在往得其書信

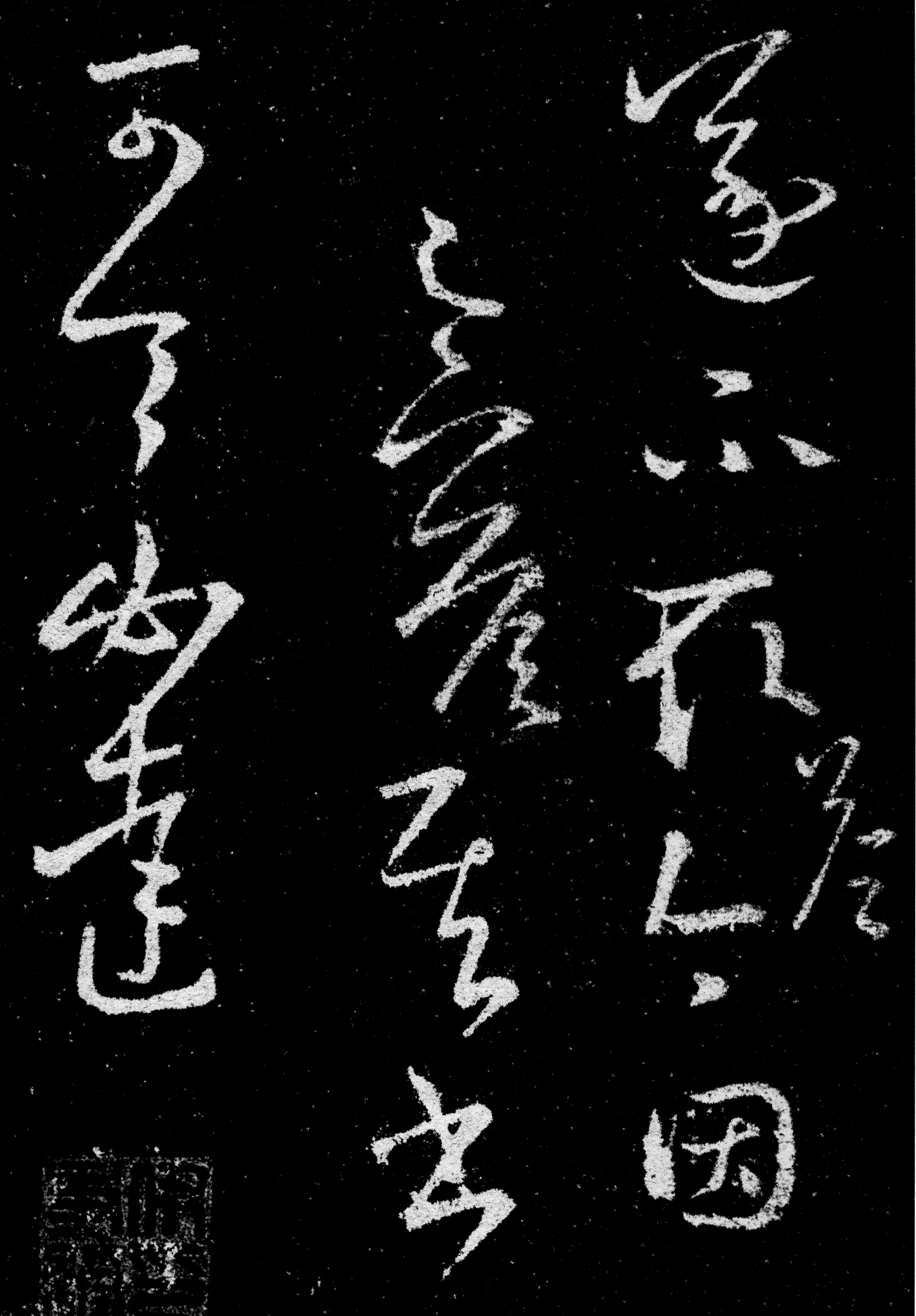

遂不取答今因足下答其書可令必達

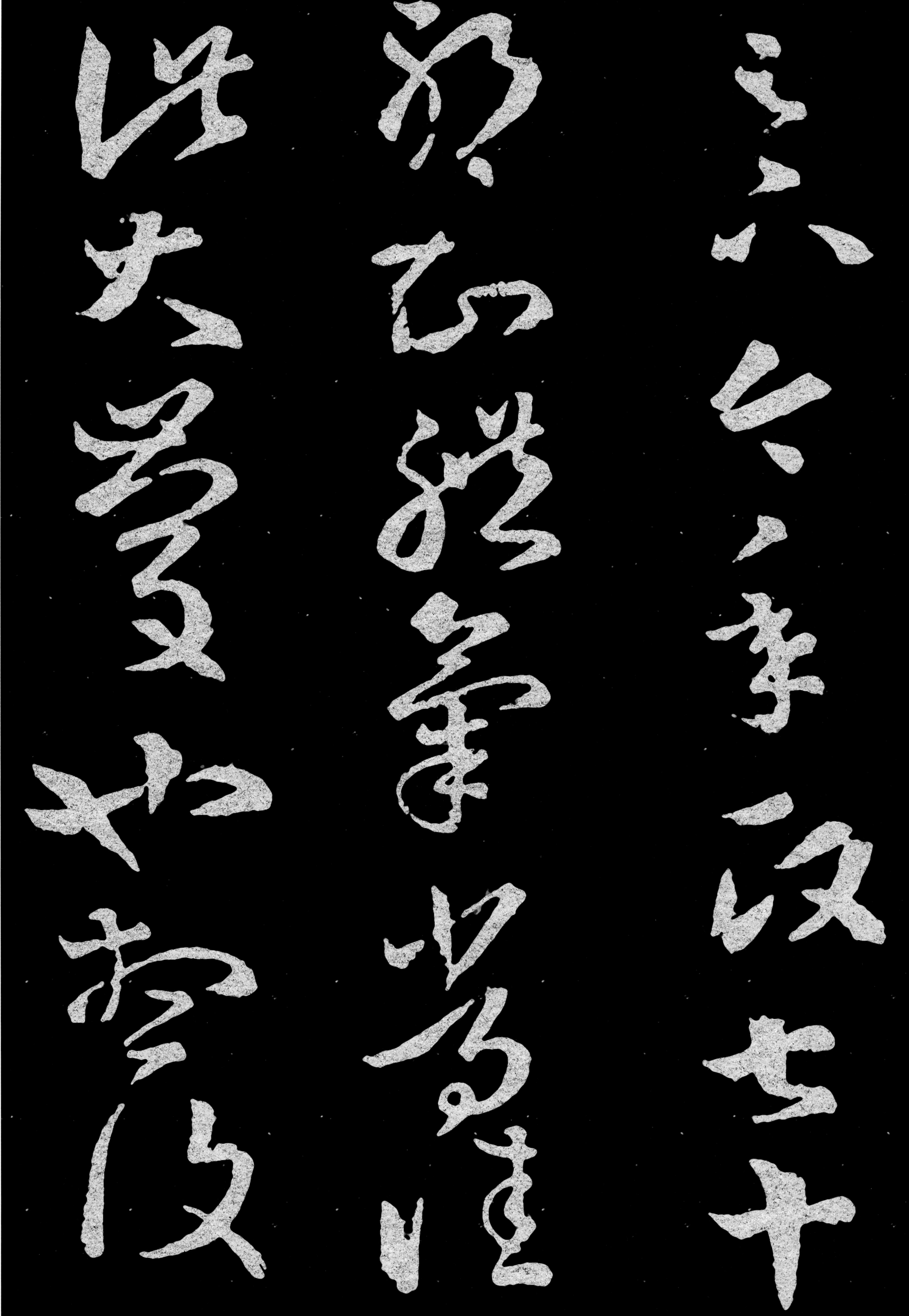

足下今年政七十耶知體氣常佳此大慶也想復

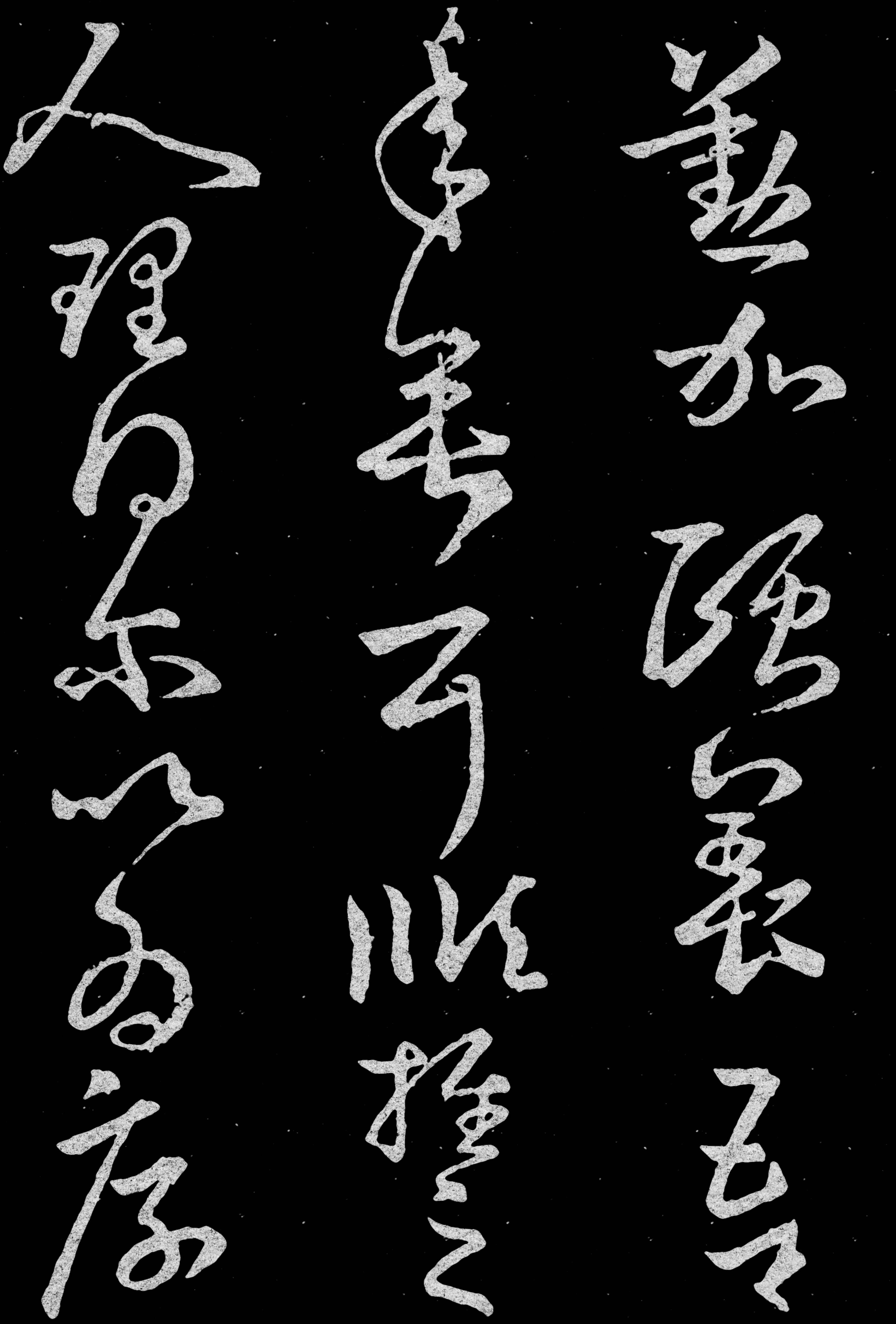

勤加頤養吾年垂耳順推之人理得尔以爲厚

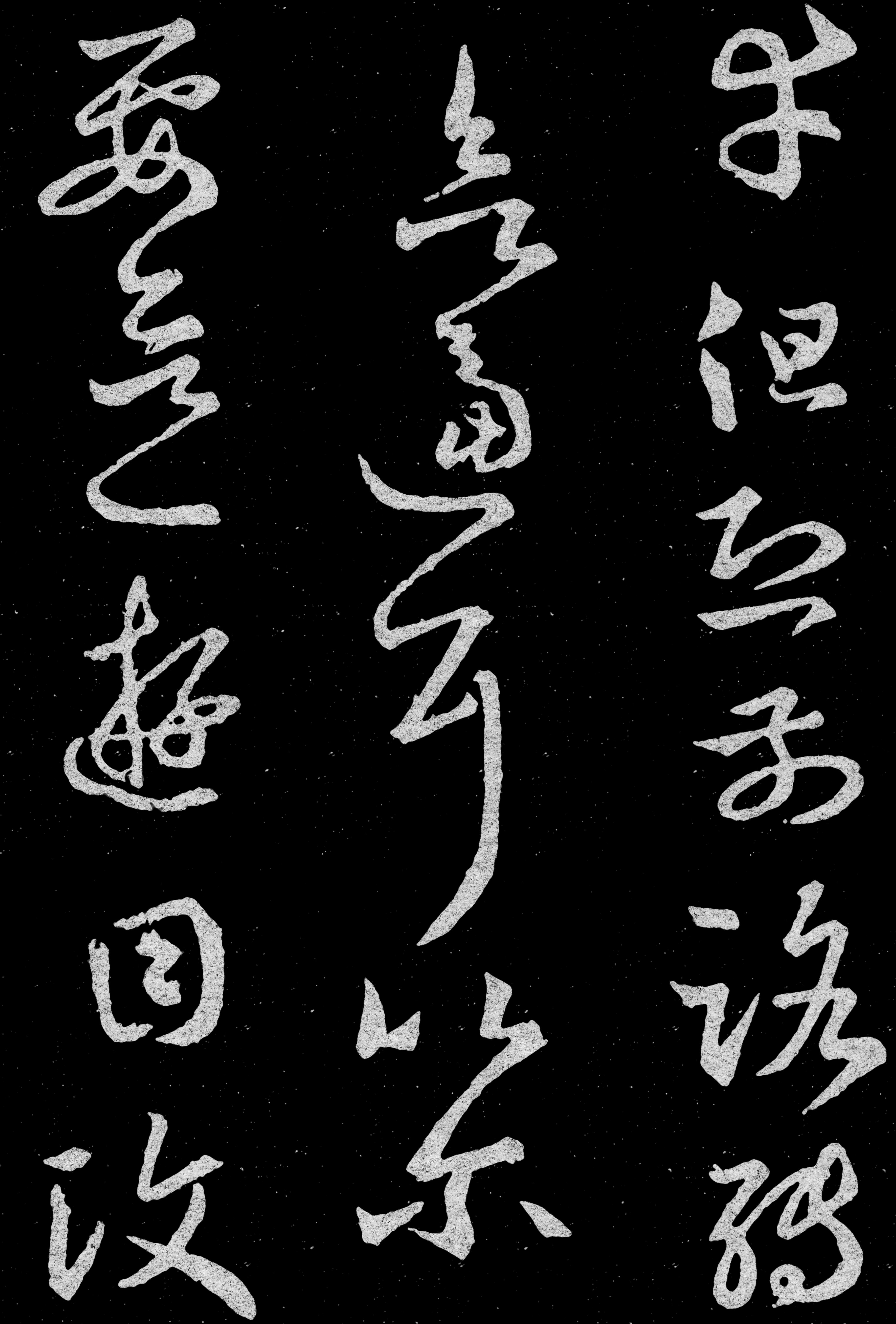

幸但恐前路轉欲逼耳以尔要欲一遊目汶

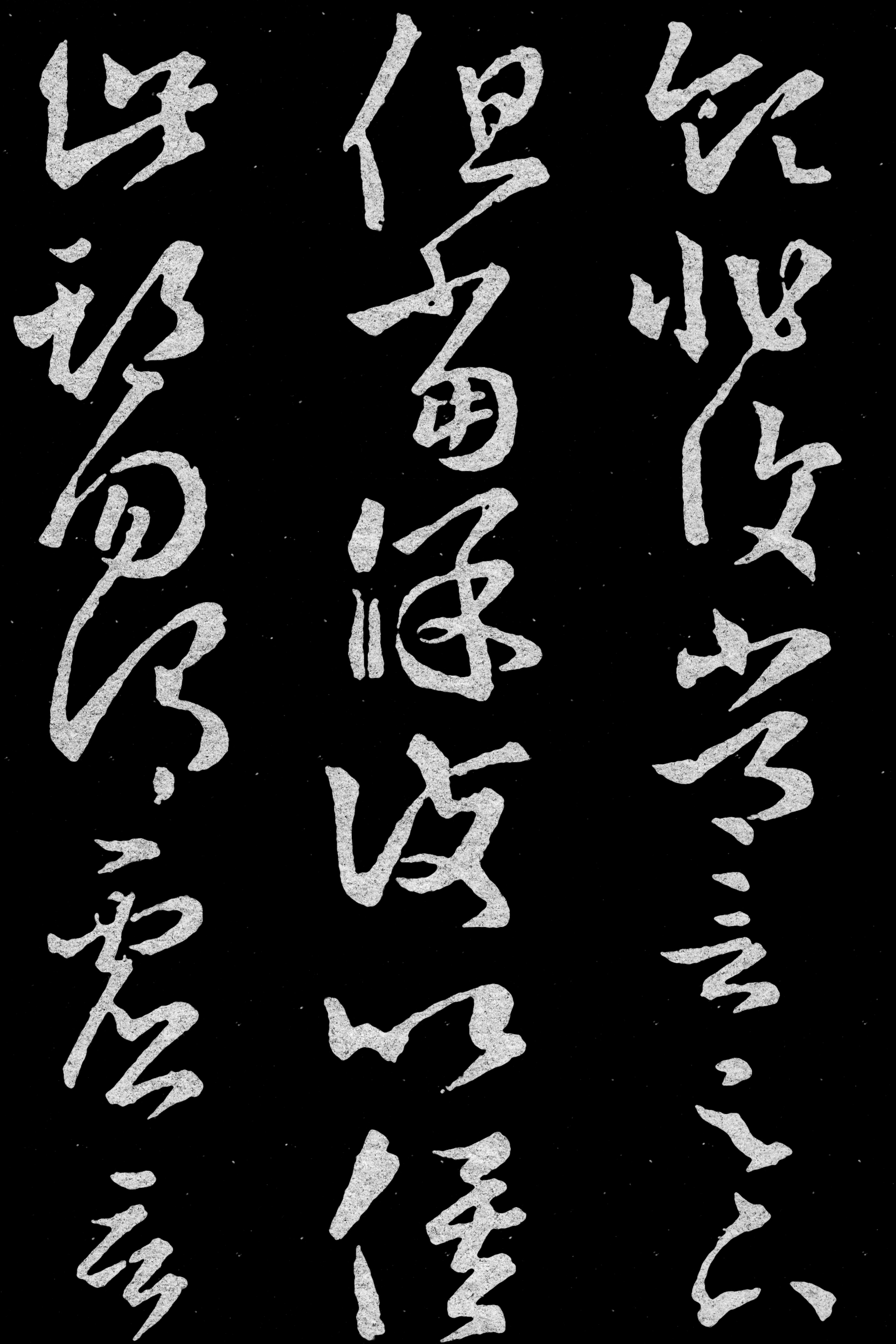

領非復常言足下但當保護以俟此期勿謂虛言

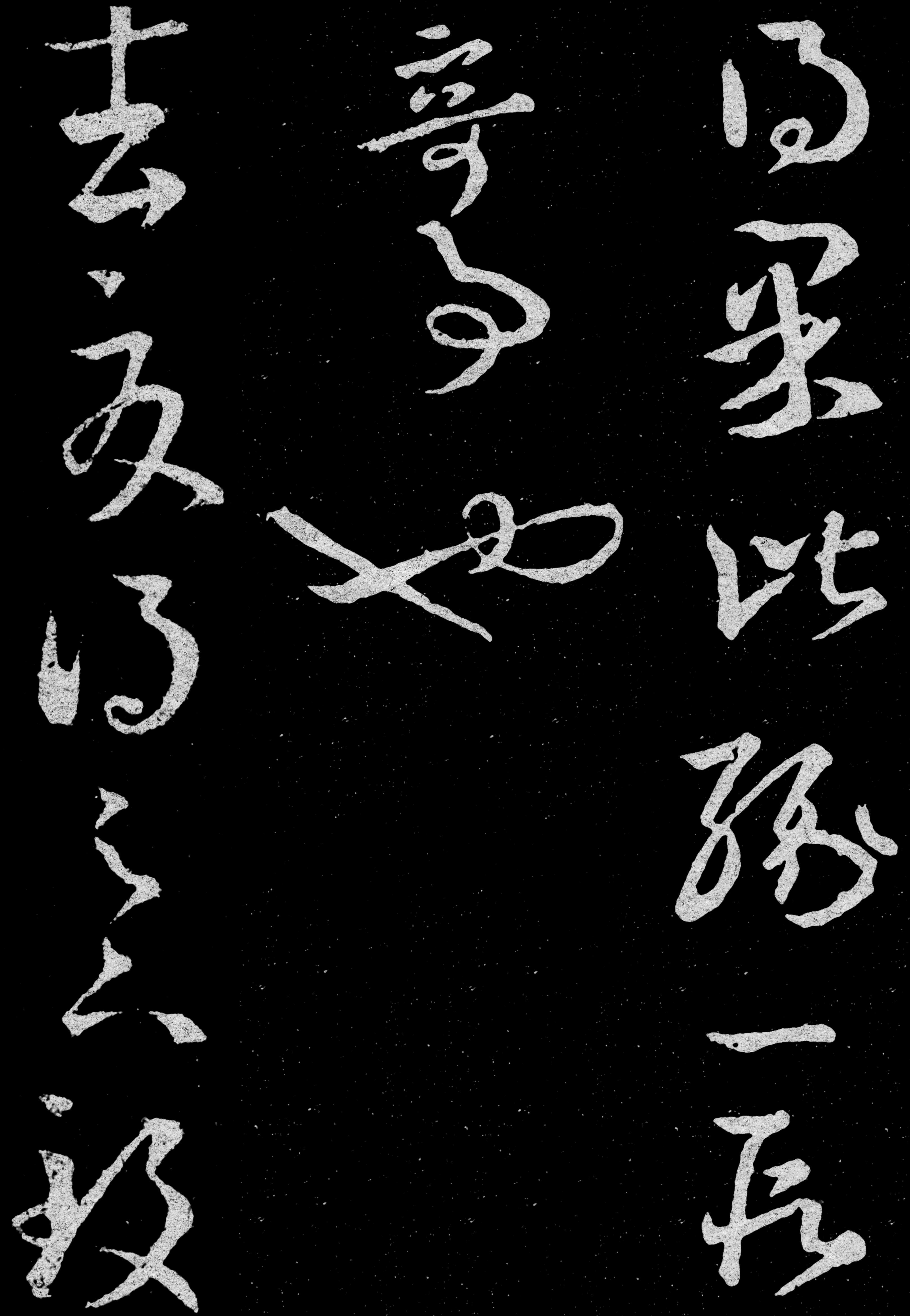

得果此缘一段奇事也　去夏得足下致

邛竹杖皆至此士人多有尊老者皆即分布

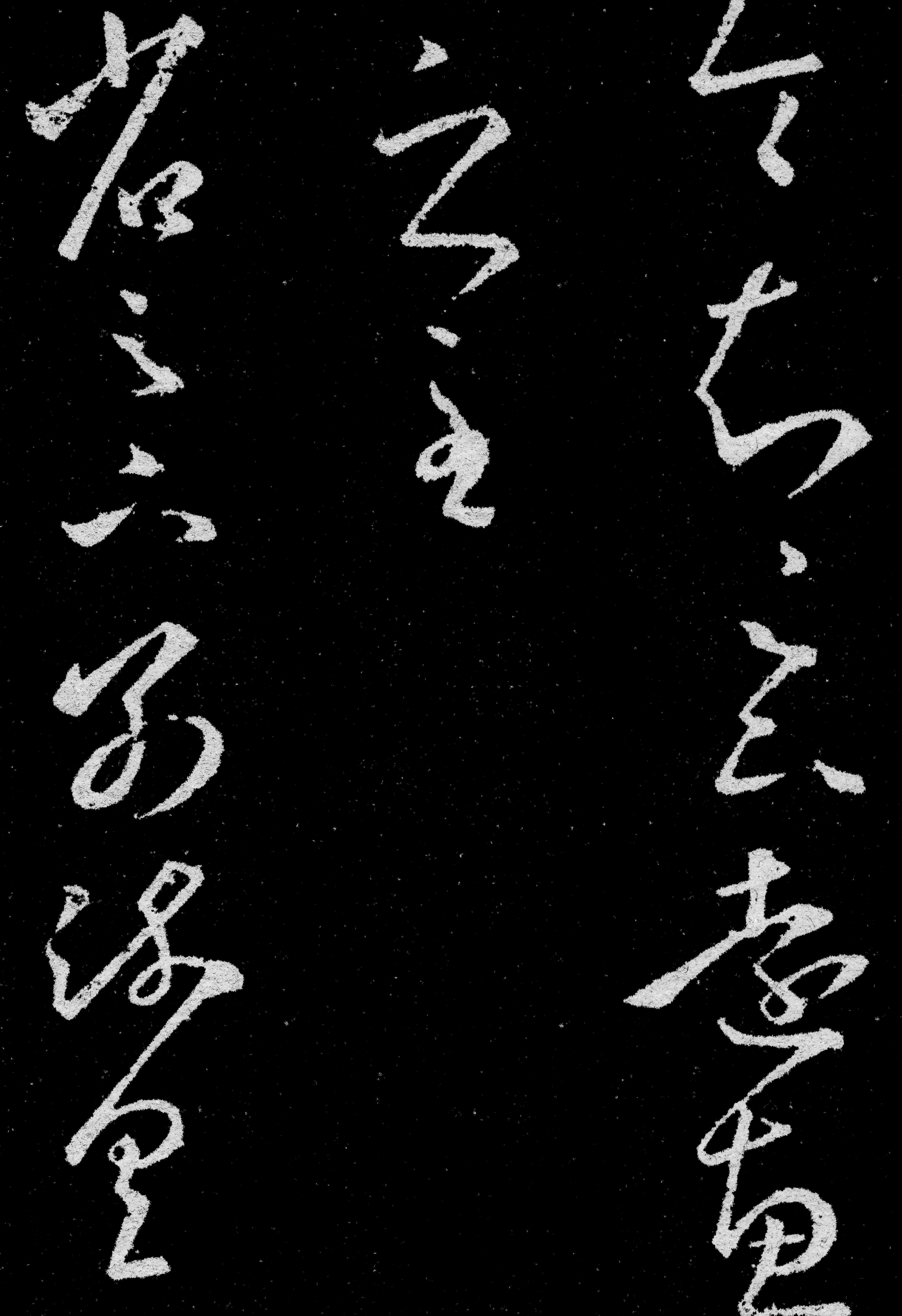

令知足下遠惠之至　省足下別疏具

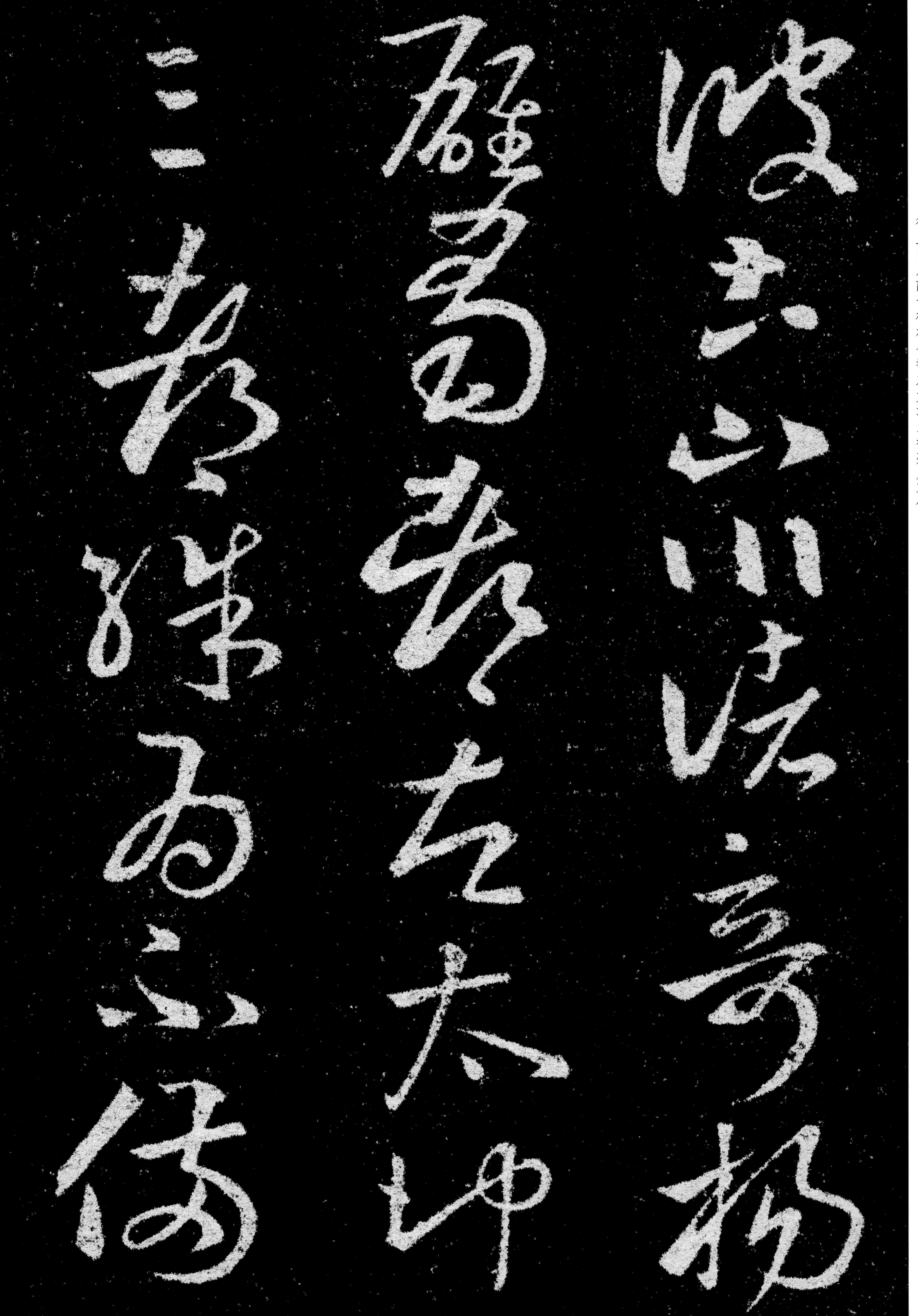

彼土山川諸奇楊雄蜀都左太沖三都殊爲不備

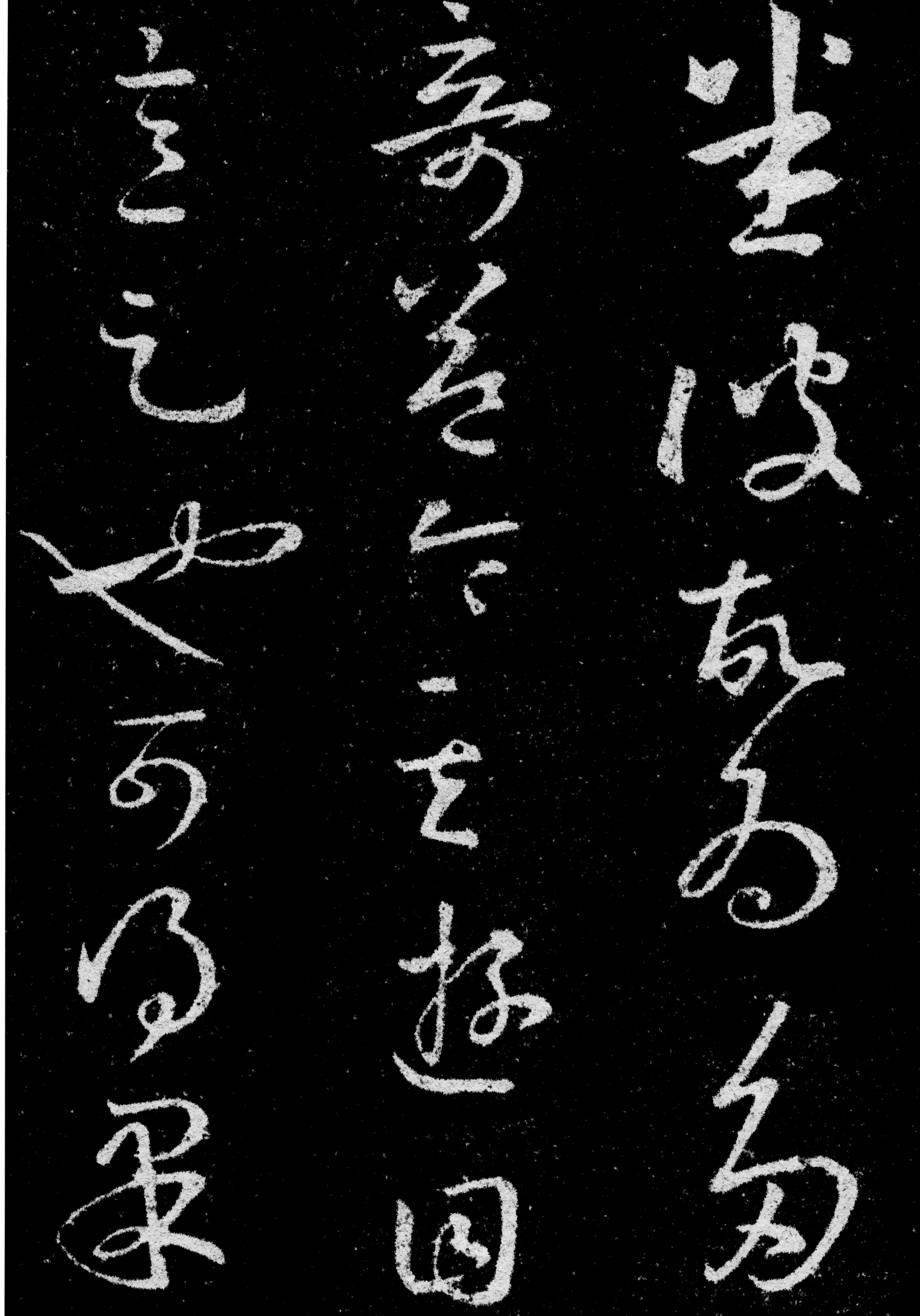

悉彼故爲多奇益令其遊目意足也可得果

當告卿求迎少人足耳至時示意遲此期真以

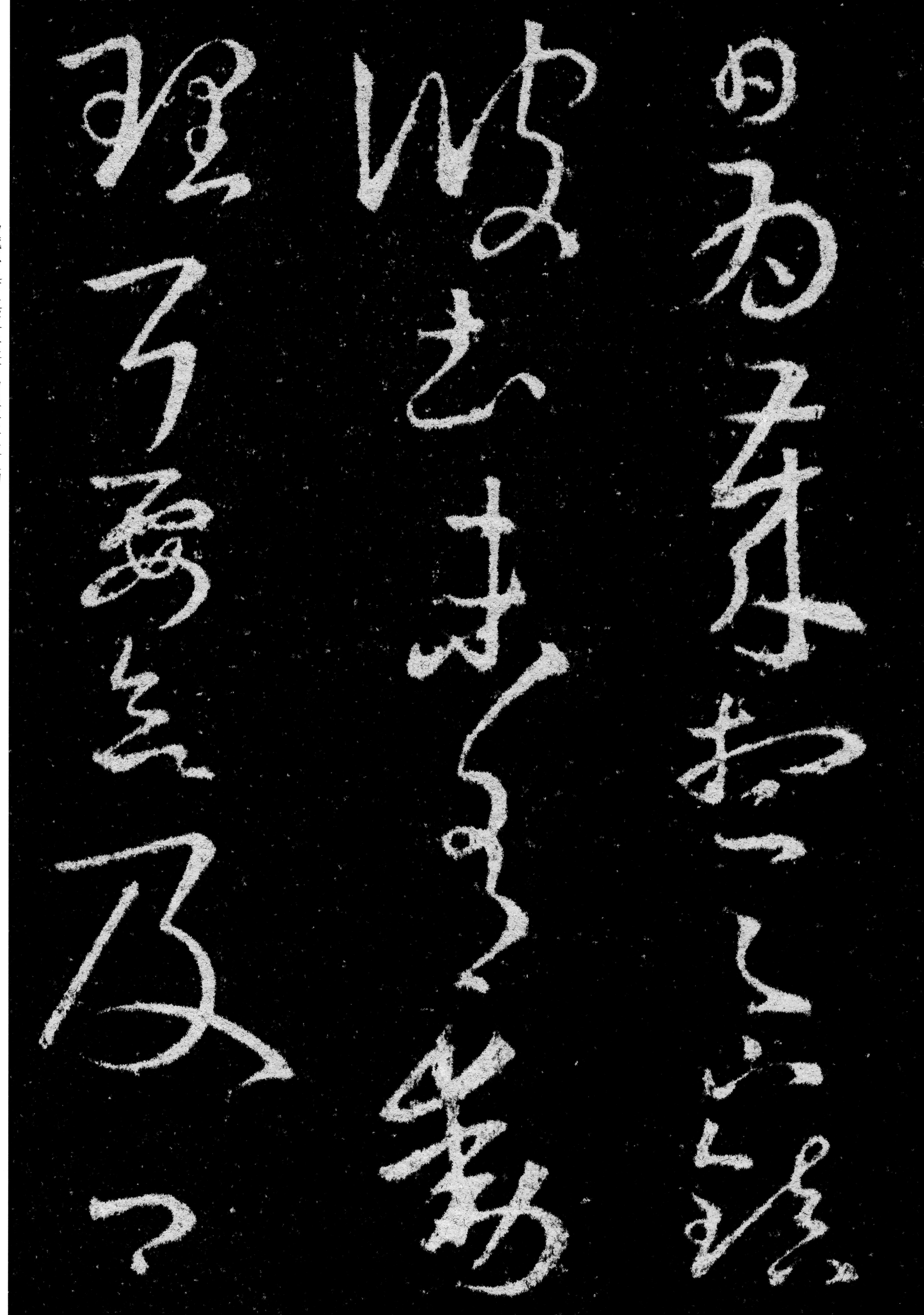

日爲歲想足下鎮彼土未有動理耳要欲及卿

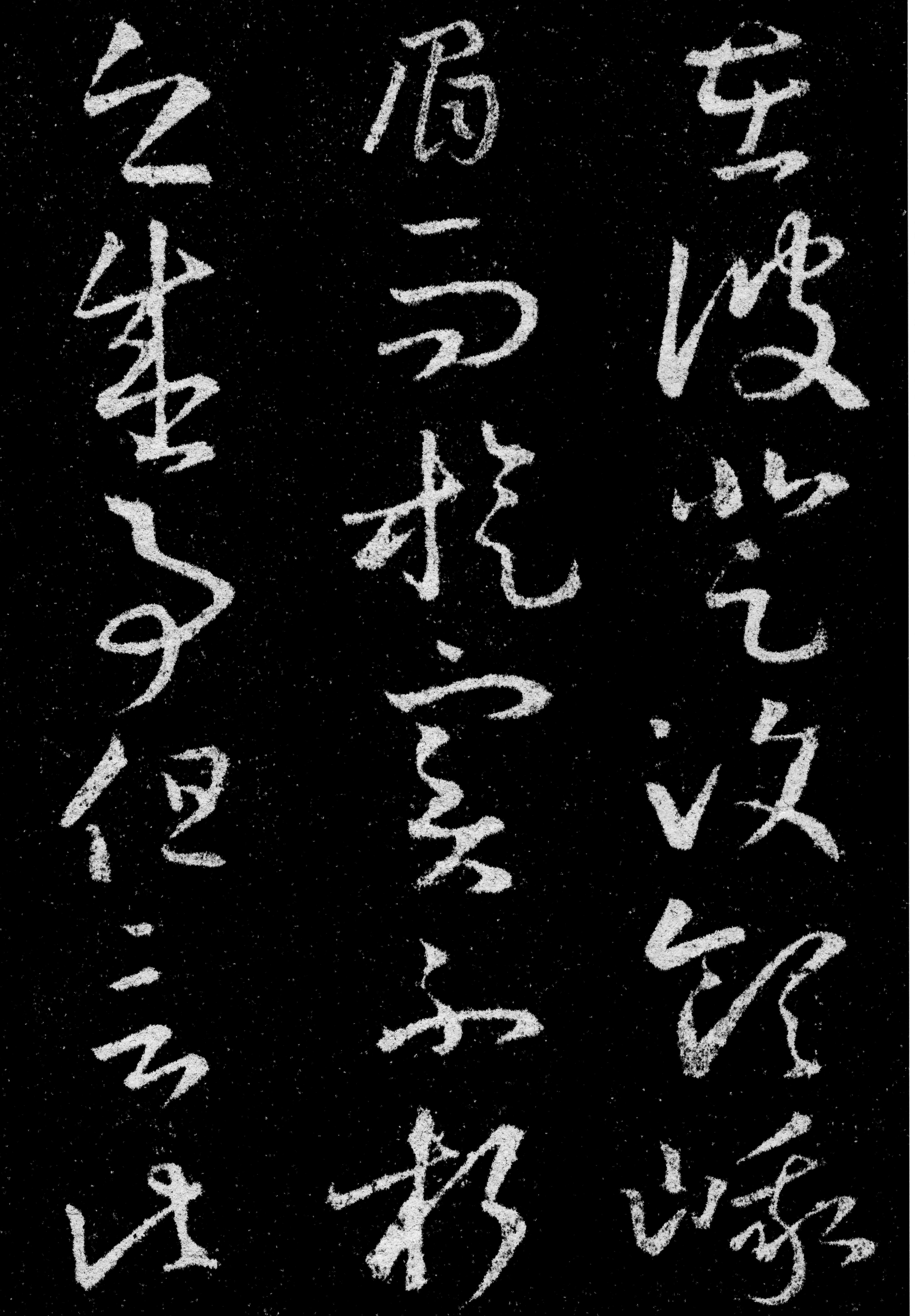

在彼登汶領峨眉而旋實不朽之盛事但言此

心以馳於彼矣　彼鹽井火井皆有不足下目見不爲

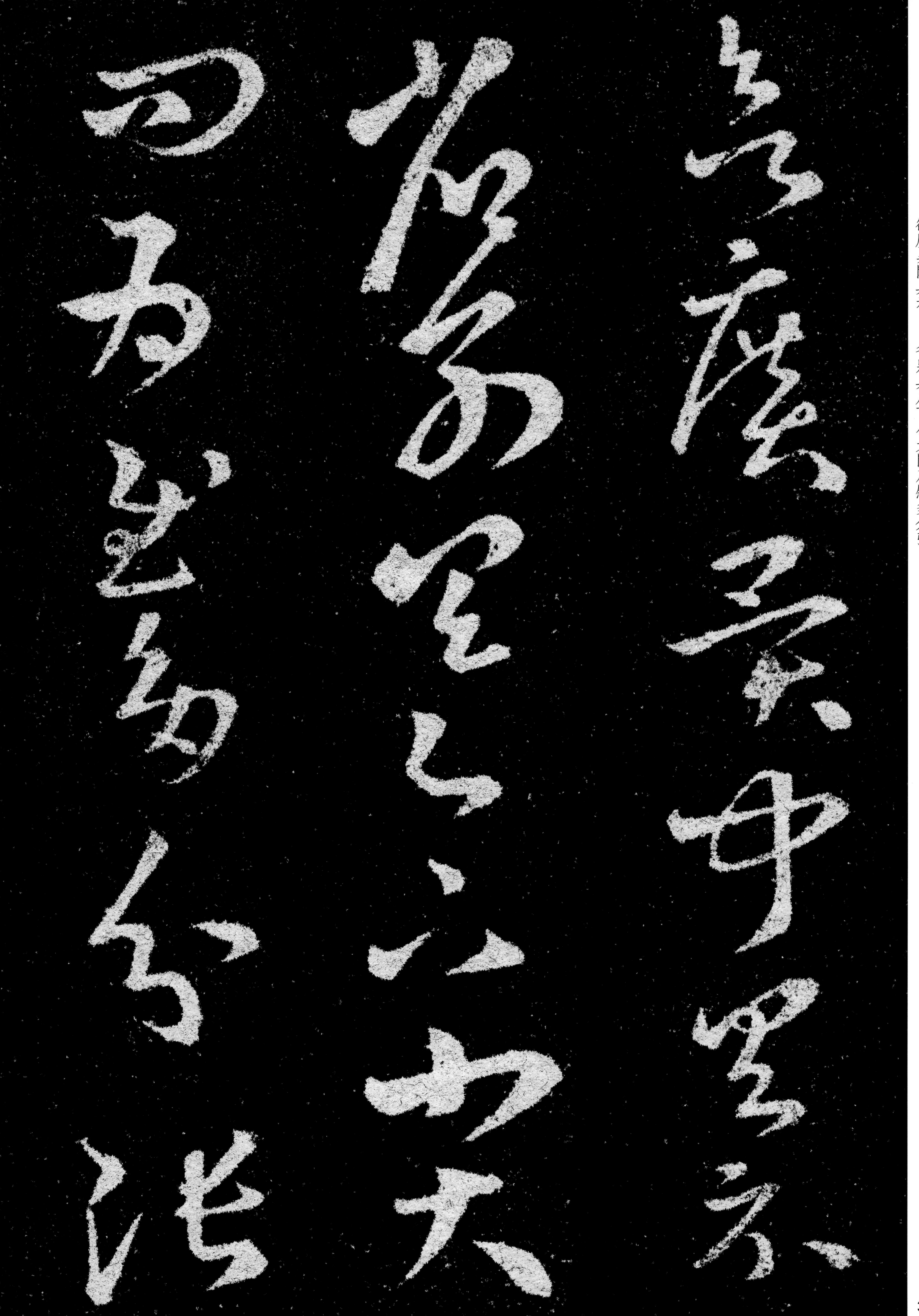

欲廣異聞具示

省别具足下小大問爲慰多分張

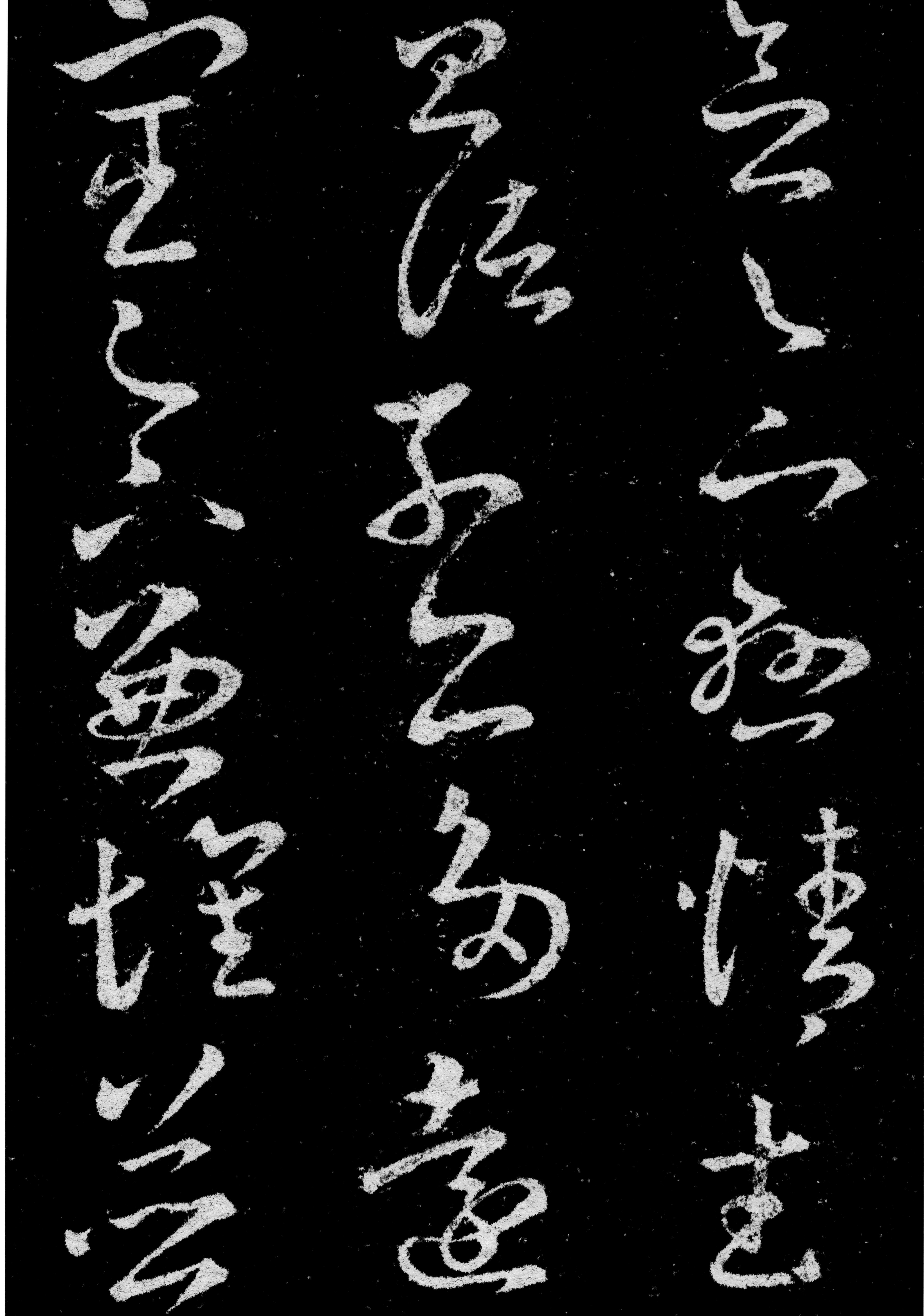

念足下懸情武昌諸子亦多遠宦足下兼懷並

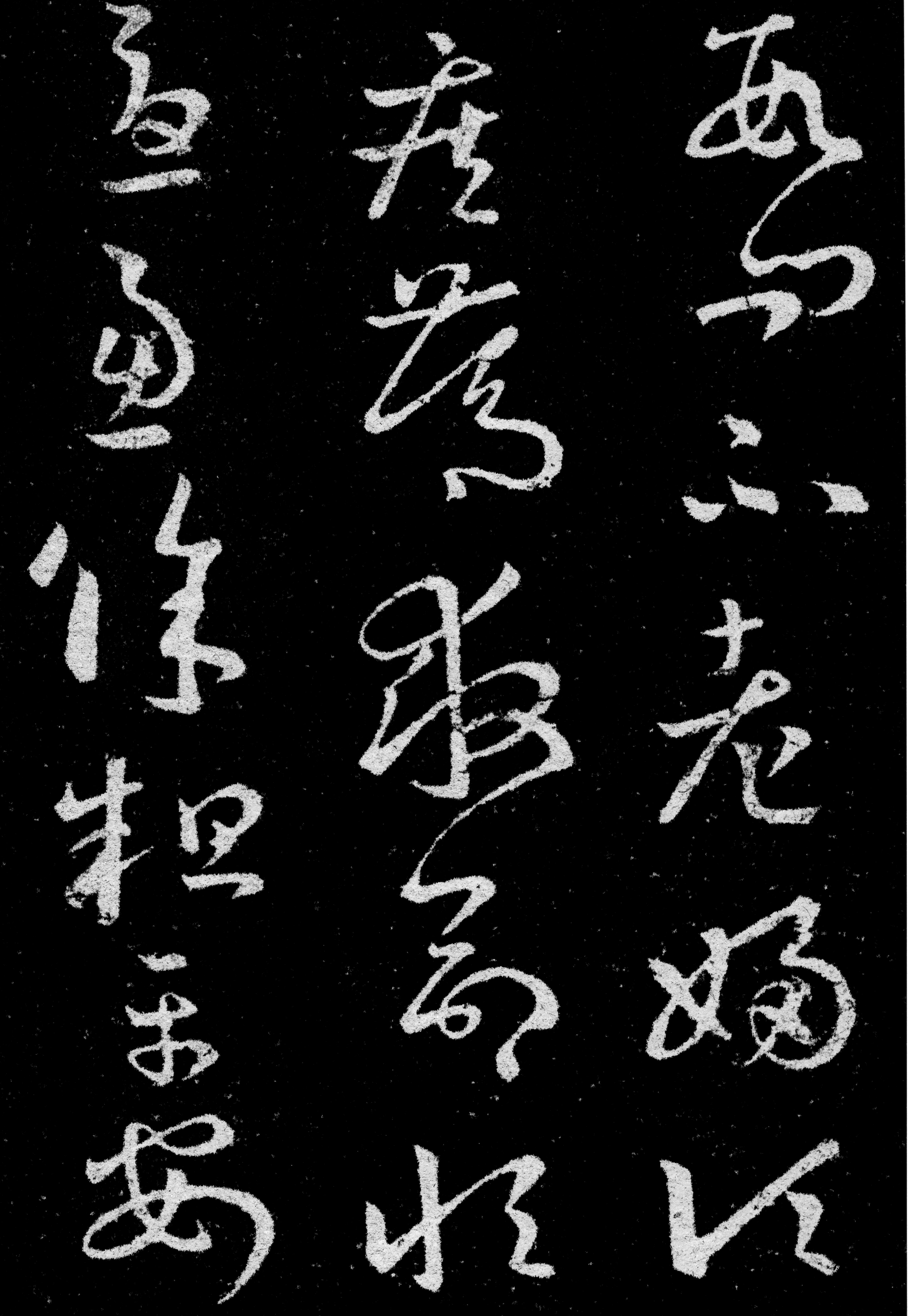

數問不老婦頃疾篤救命恒憂慮餘粗平安

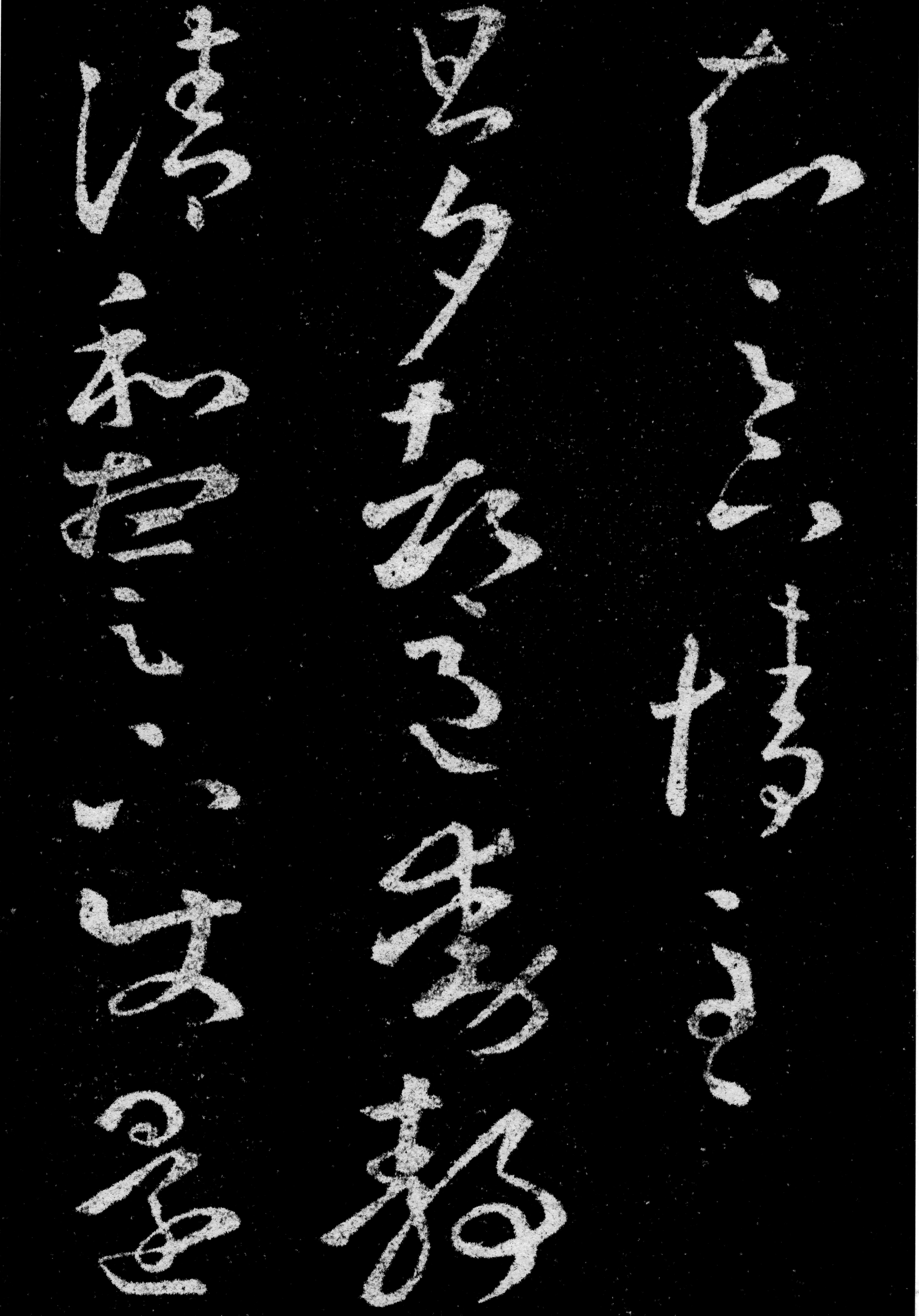

知足下情至

旦夕都邑動静清和想足下使還

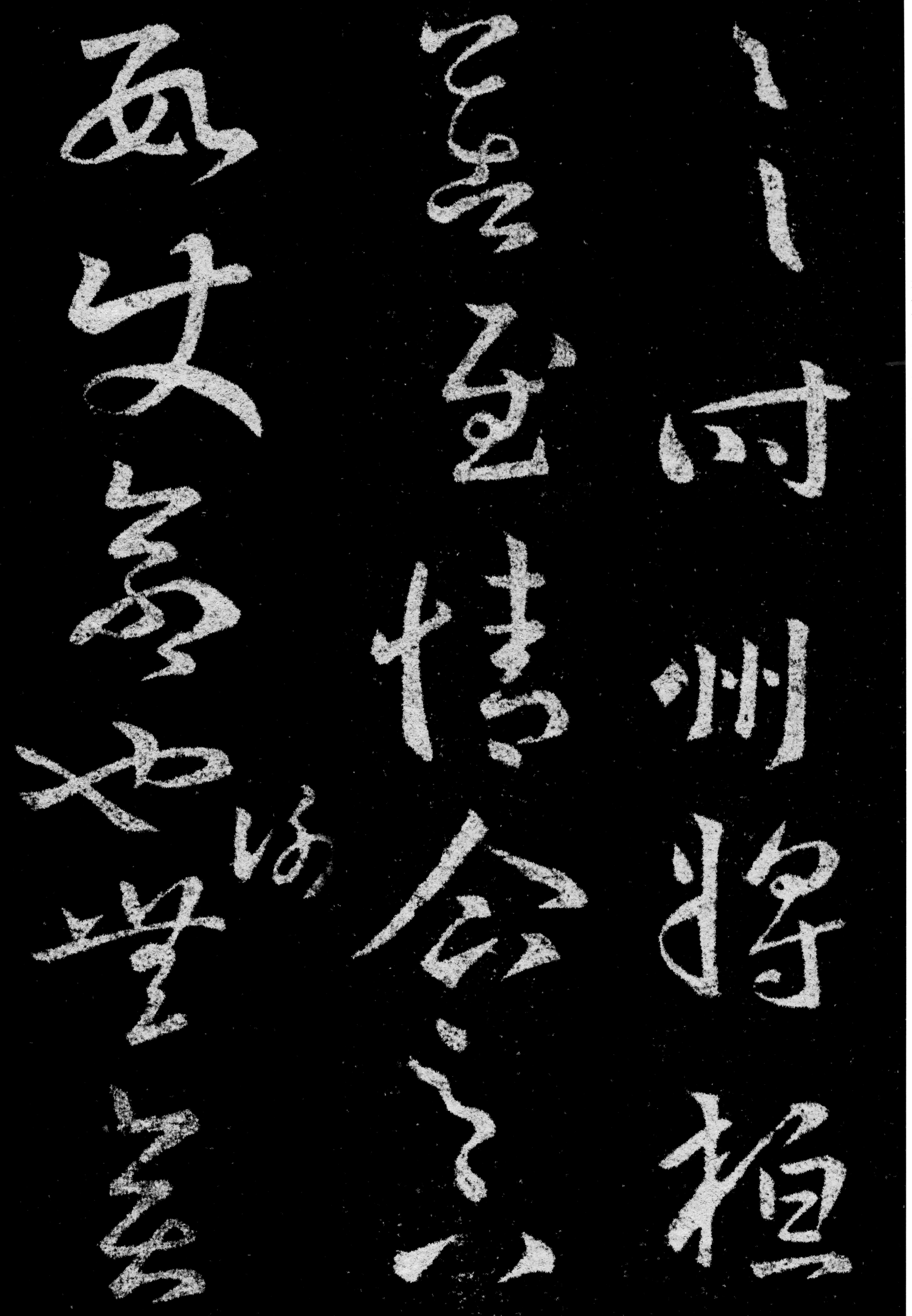

一一 時州將桓公告慰情企足下數使命也謝無奕

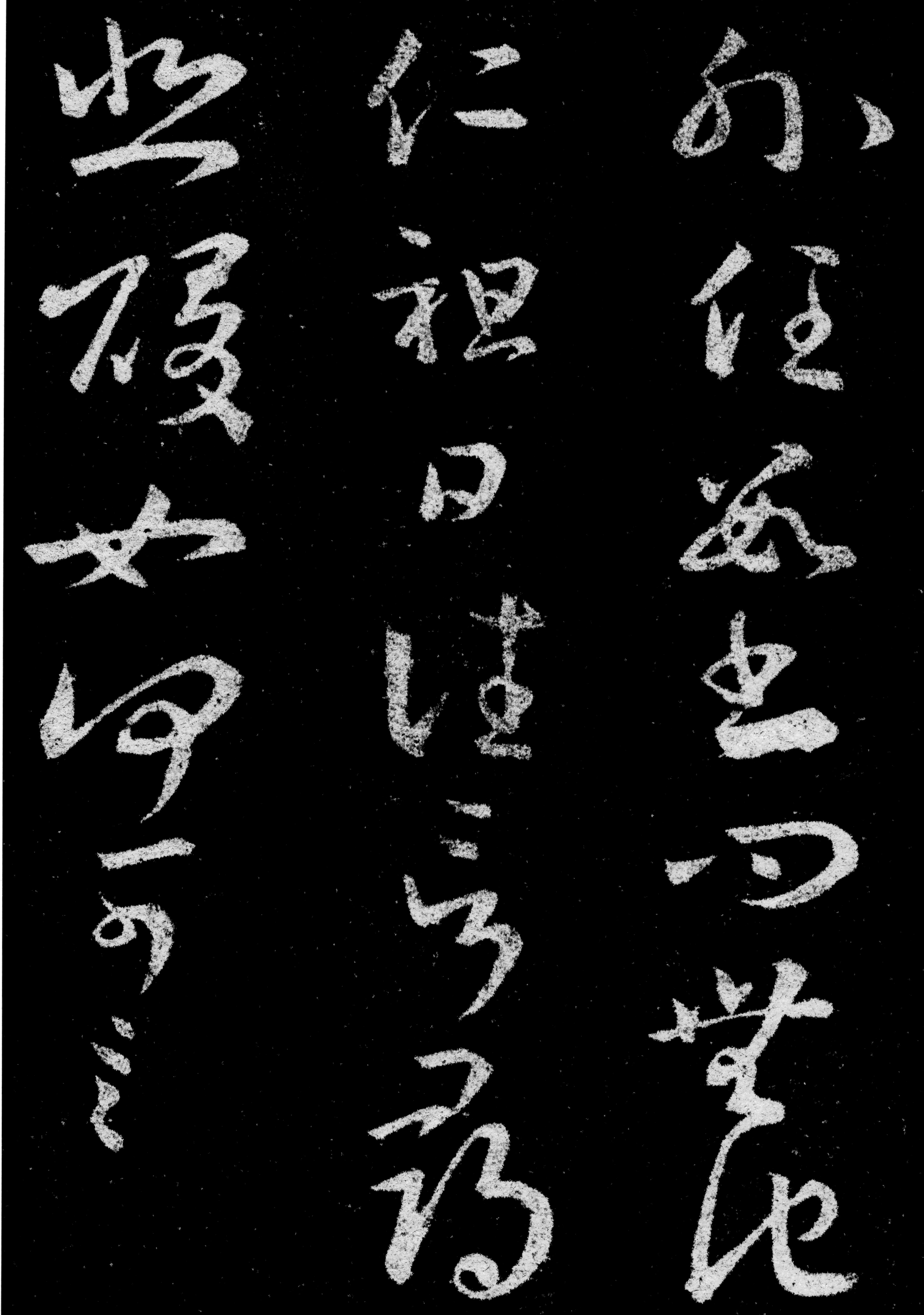

外任數書問無他仁祖日往言尋悲酸如何可言

嚴君平司馬相如楊子雲皆有後不

胡母氏從妹平安故在永興居去此七十

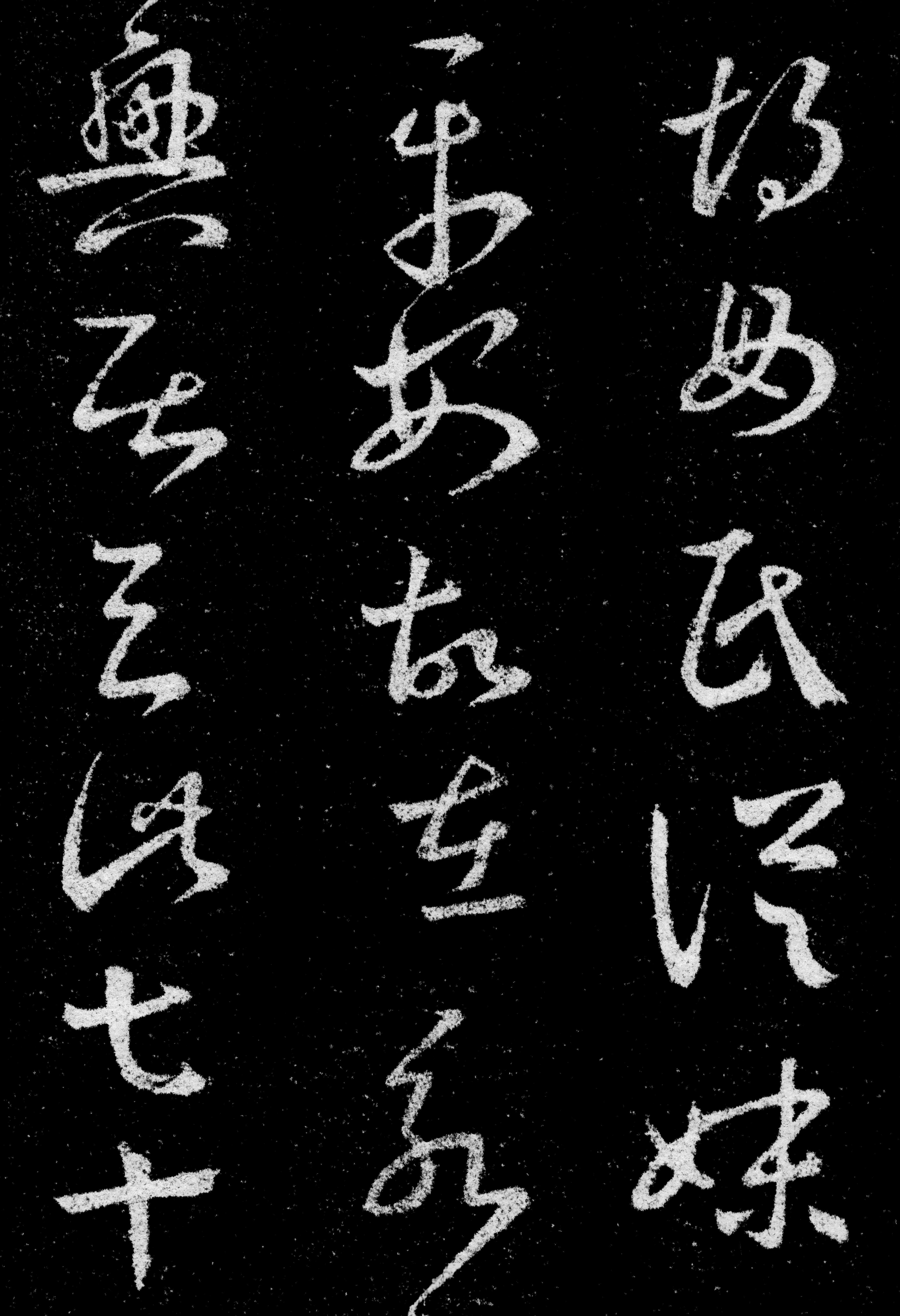

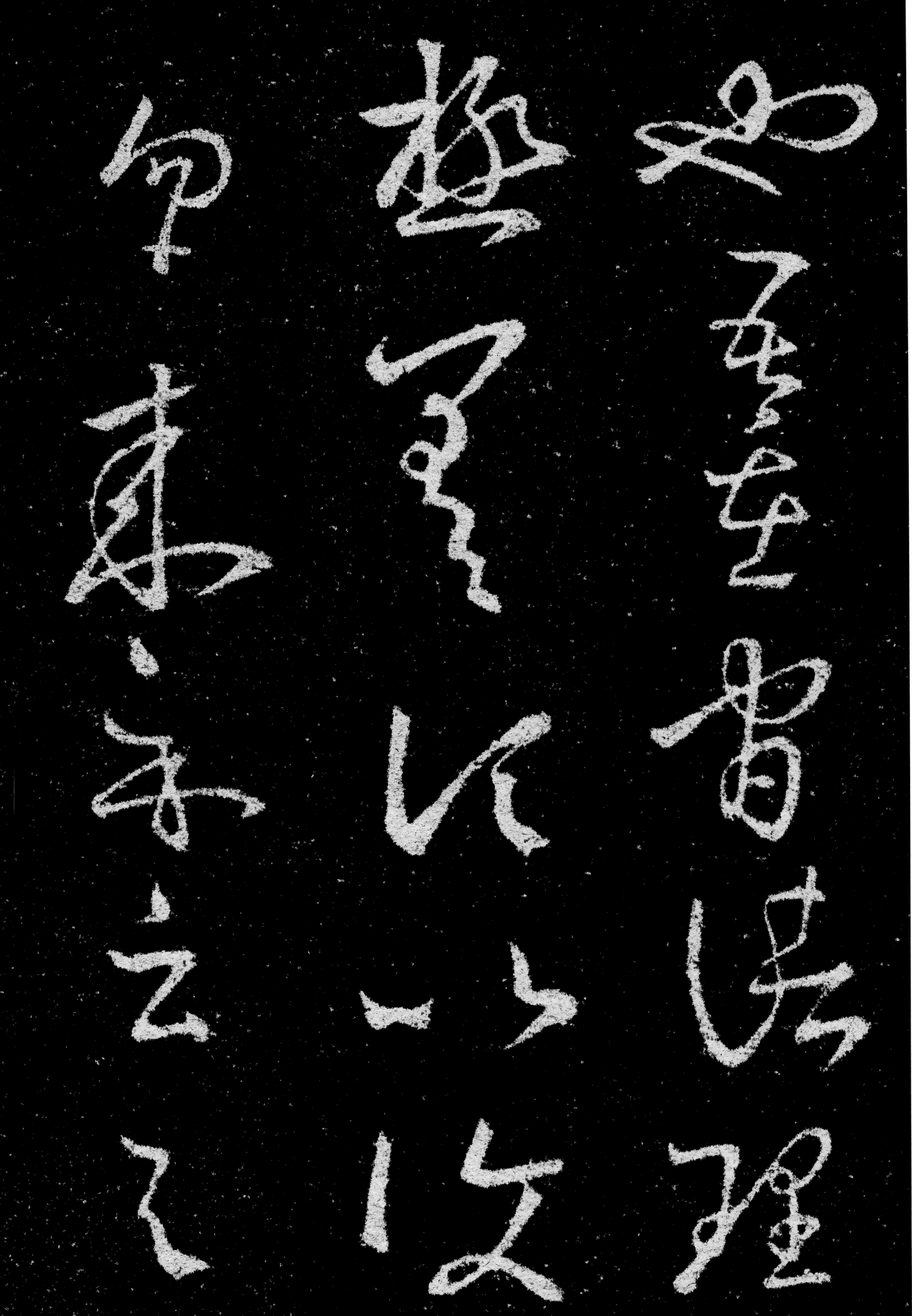

也吾在官諸理極差頃以復匆匆來示云與

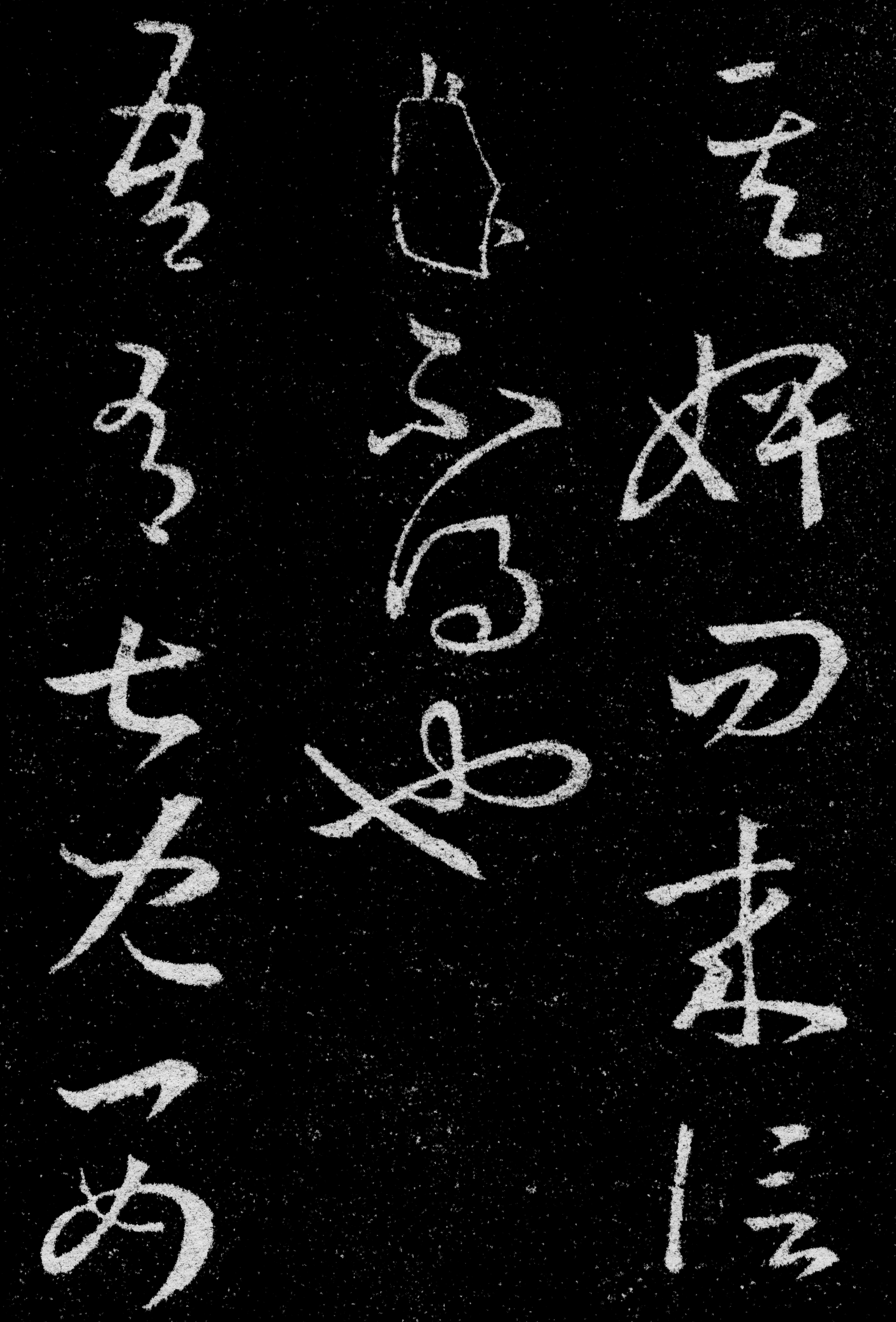

其婢問來信□不得也　吾有七兒一女

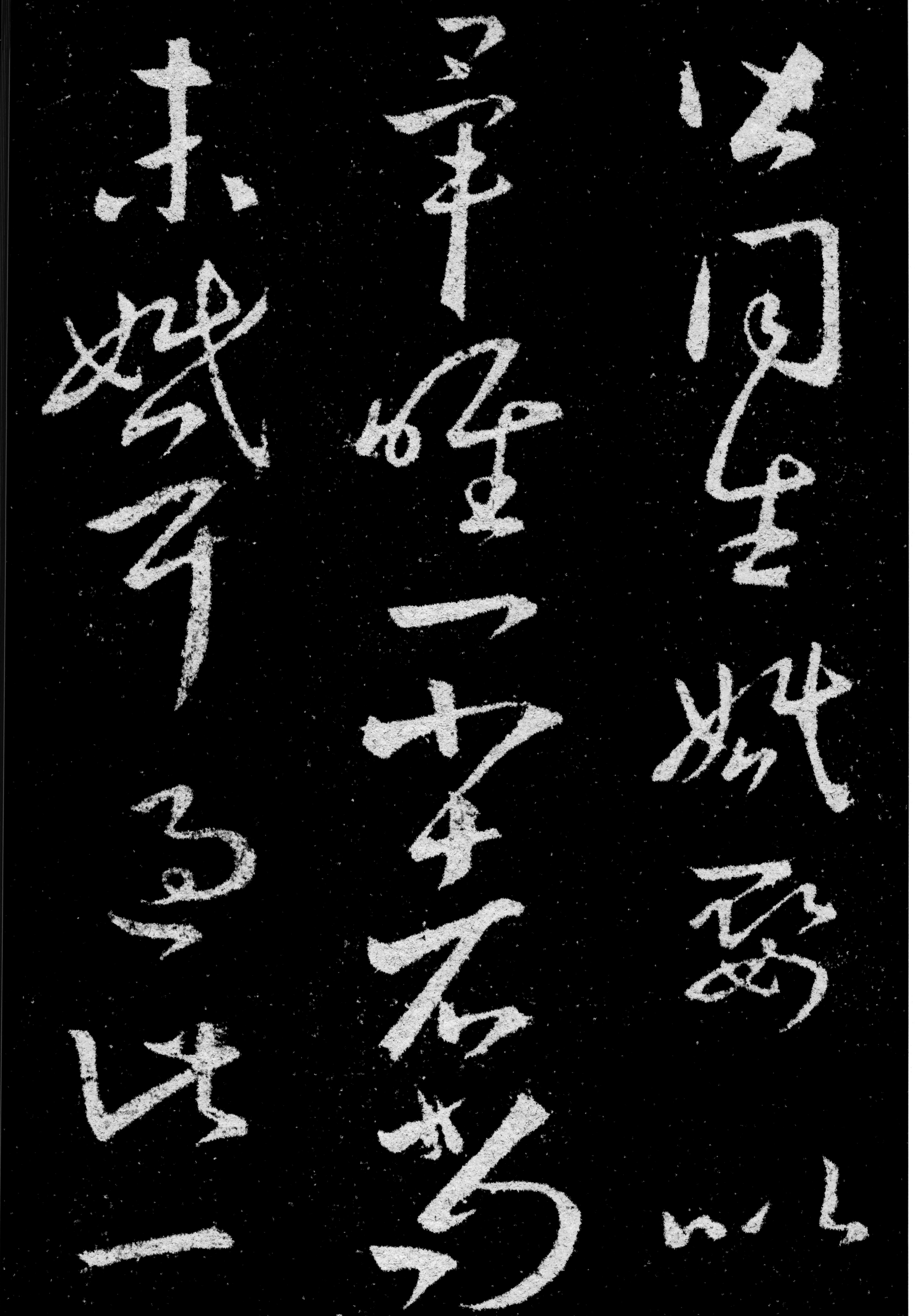

皆同生婚娶以畢唯一小者尚未婚耳過此一

婚便得至彼今内外孫有十六人足慰目前足下

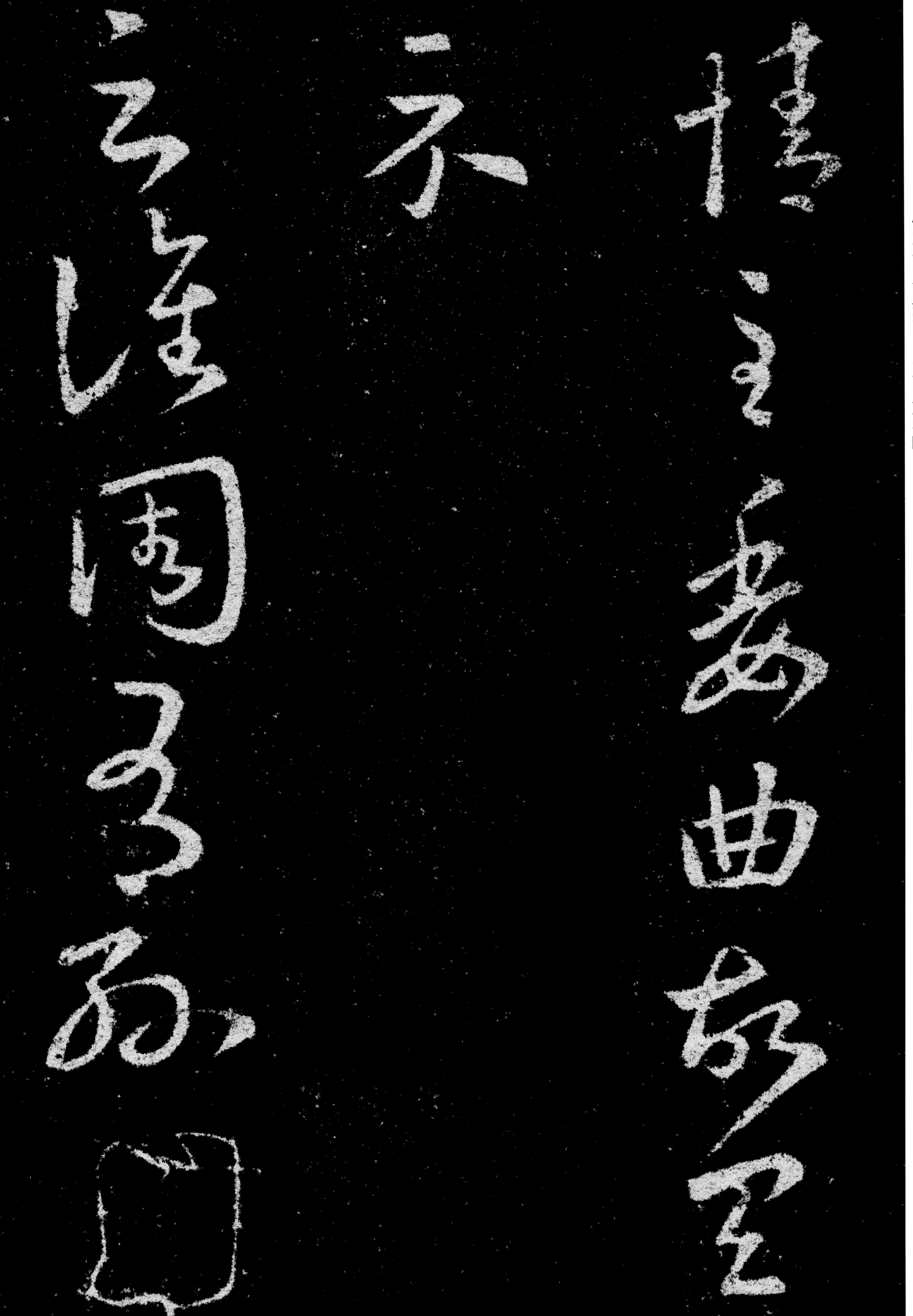

情至委曲故具示

云譙周有孫□

高尚不出今爲所在其人有以副此志不令

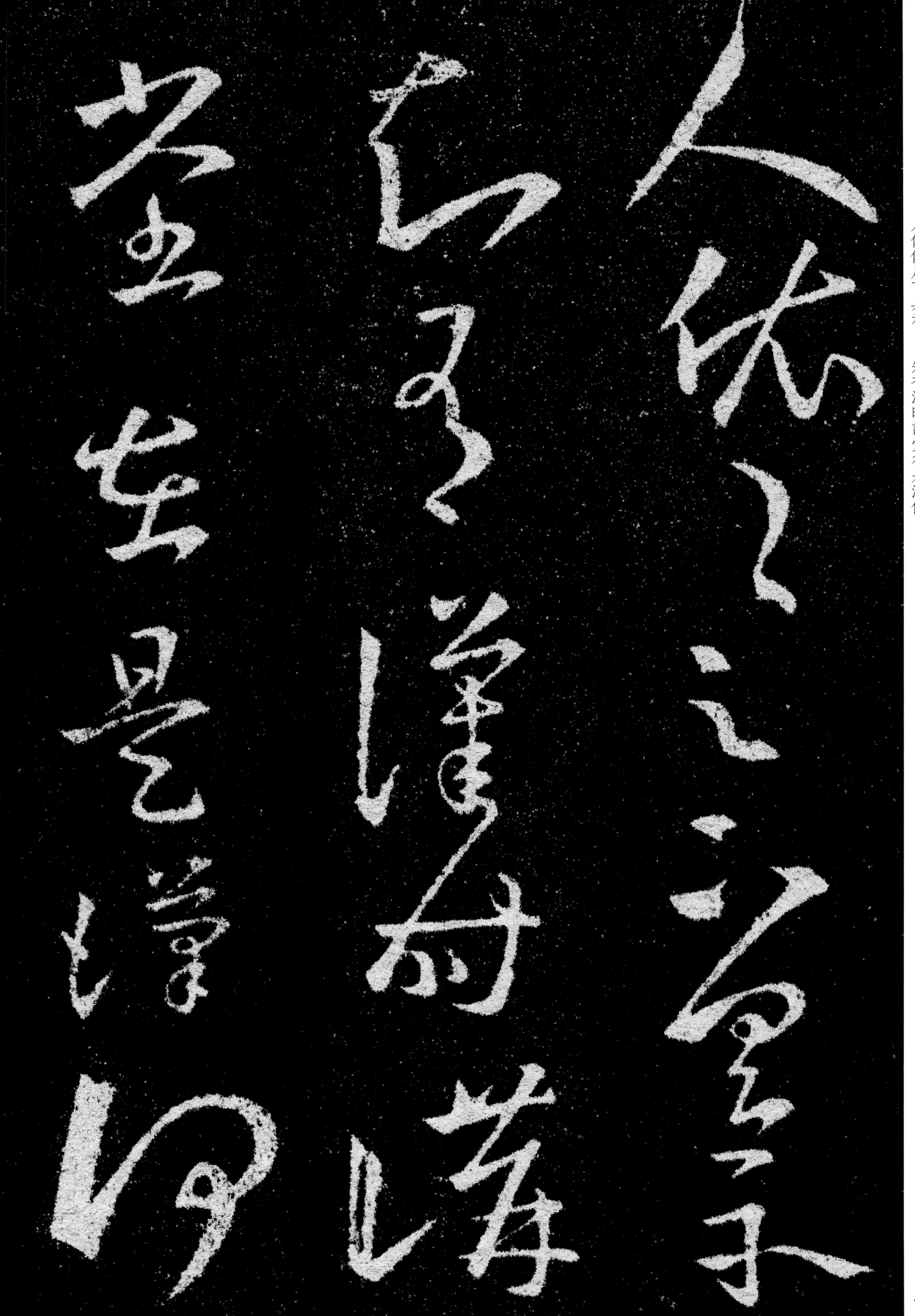

人依依足下具示

知有漢時講堂在是漢何

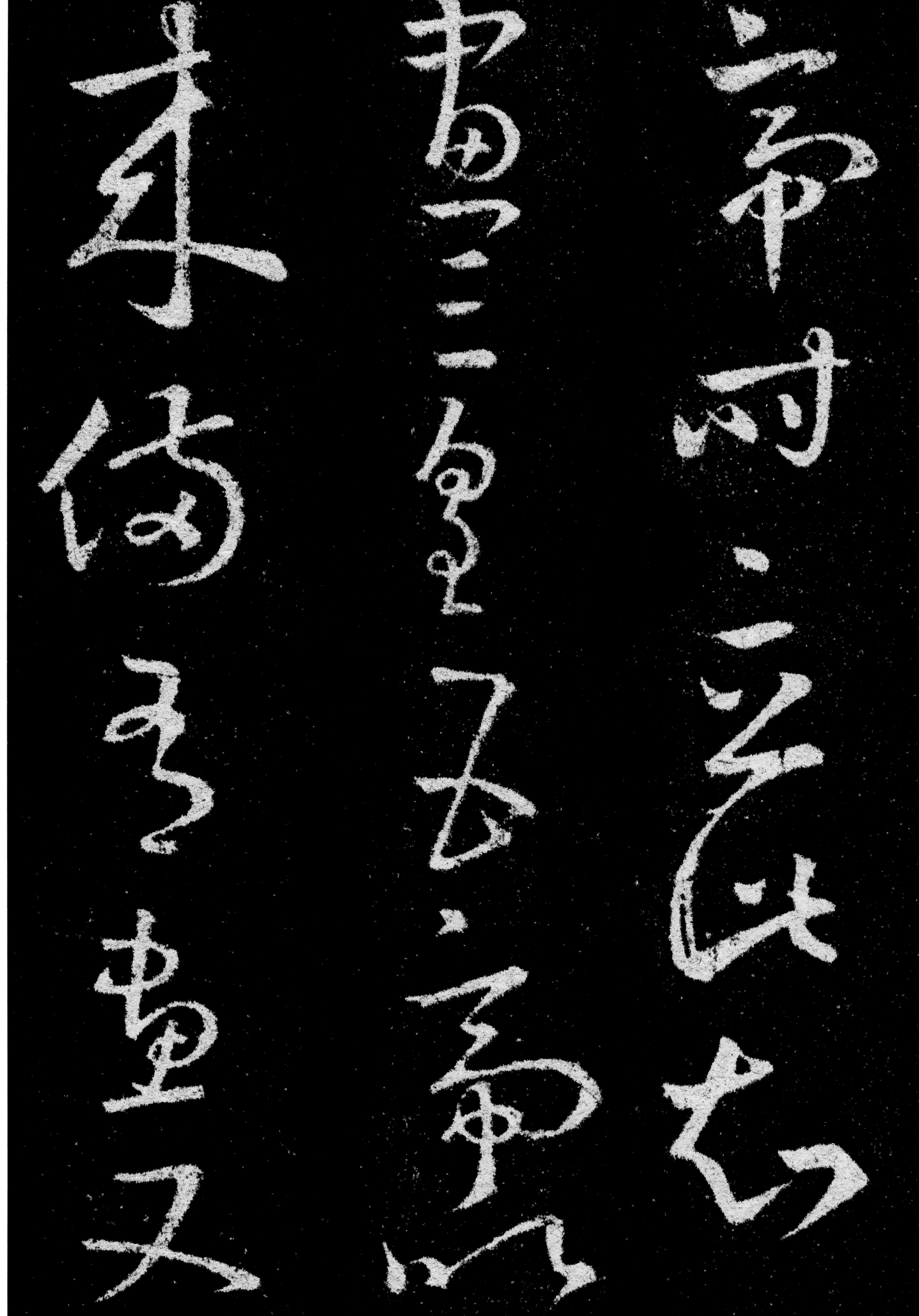

帝時立此知畫三皇五帝以來備有畫又

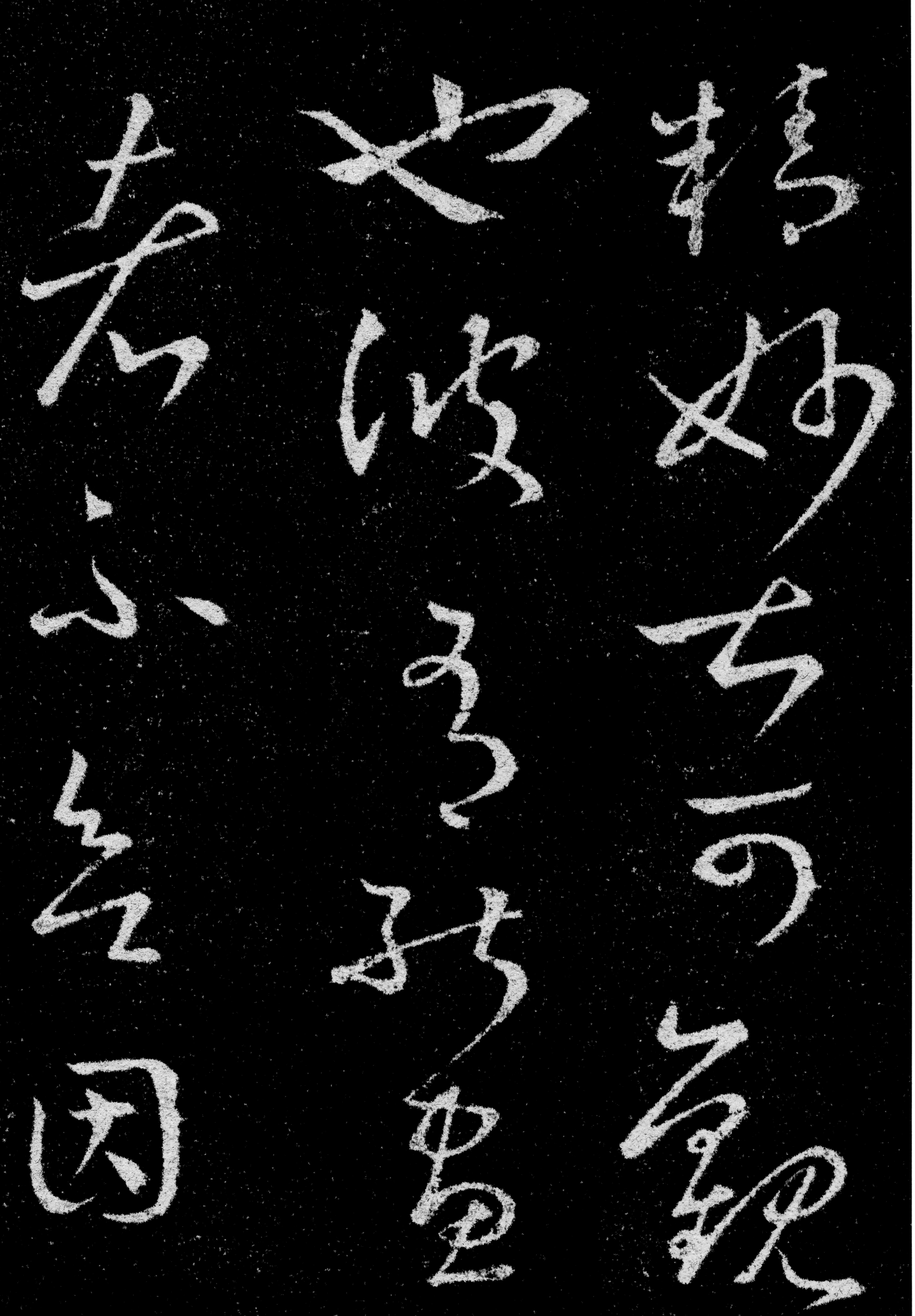

精妙甚可觀也彼有能畫者不欲因

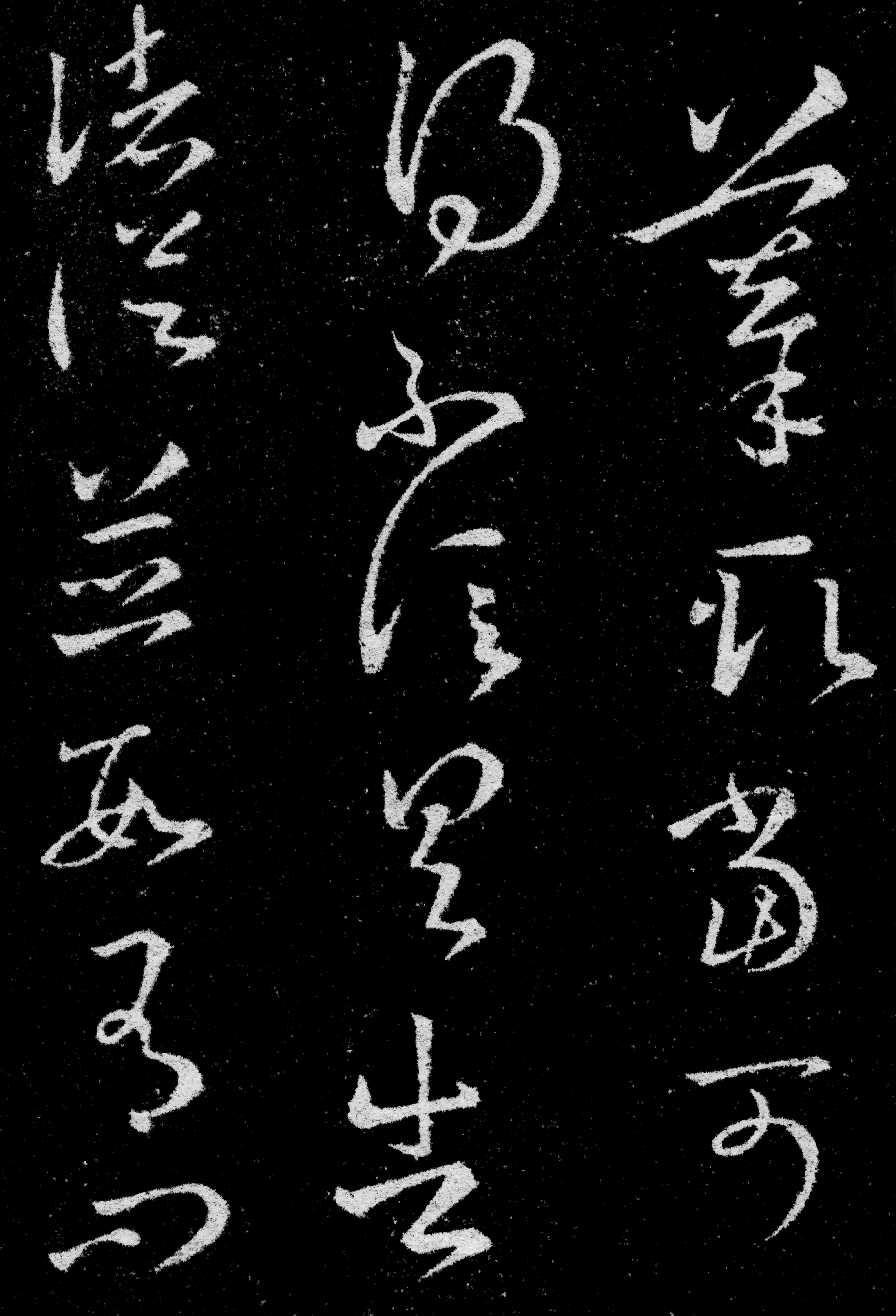

摹取當可得不信具告

諸從並數有問

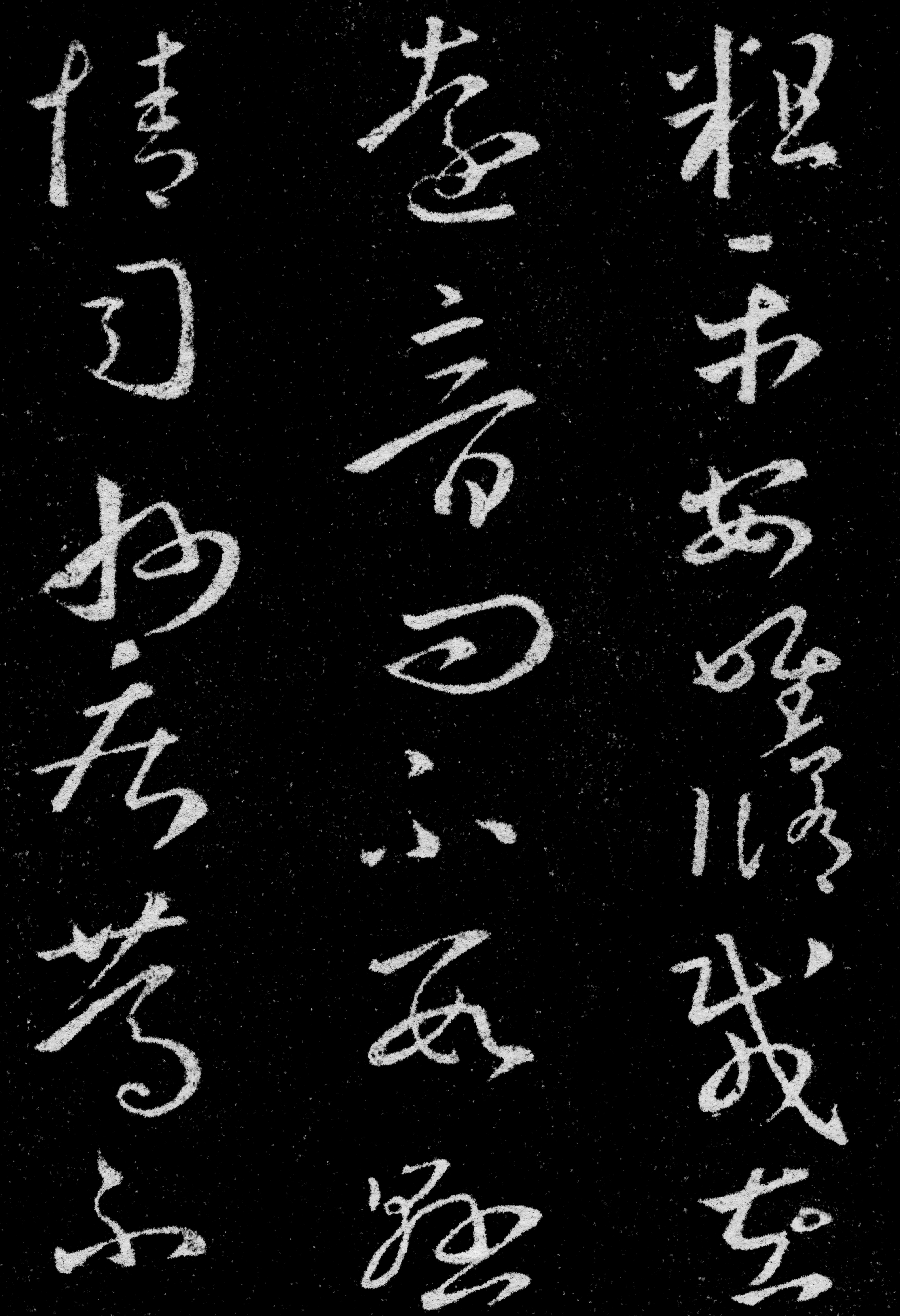

粗平安唯脩載在遠音問不數懸情司州疾篤不

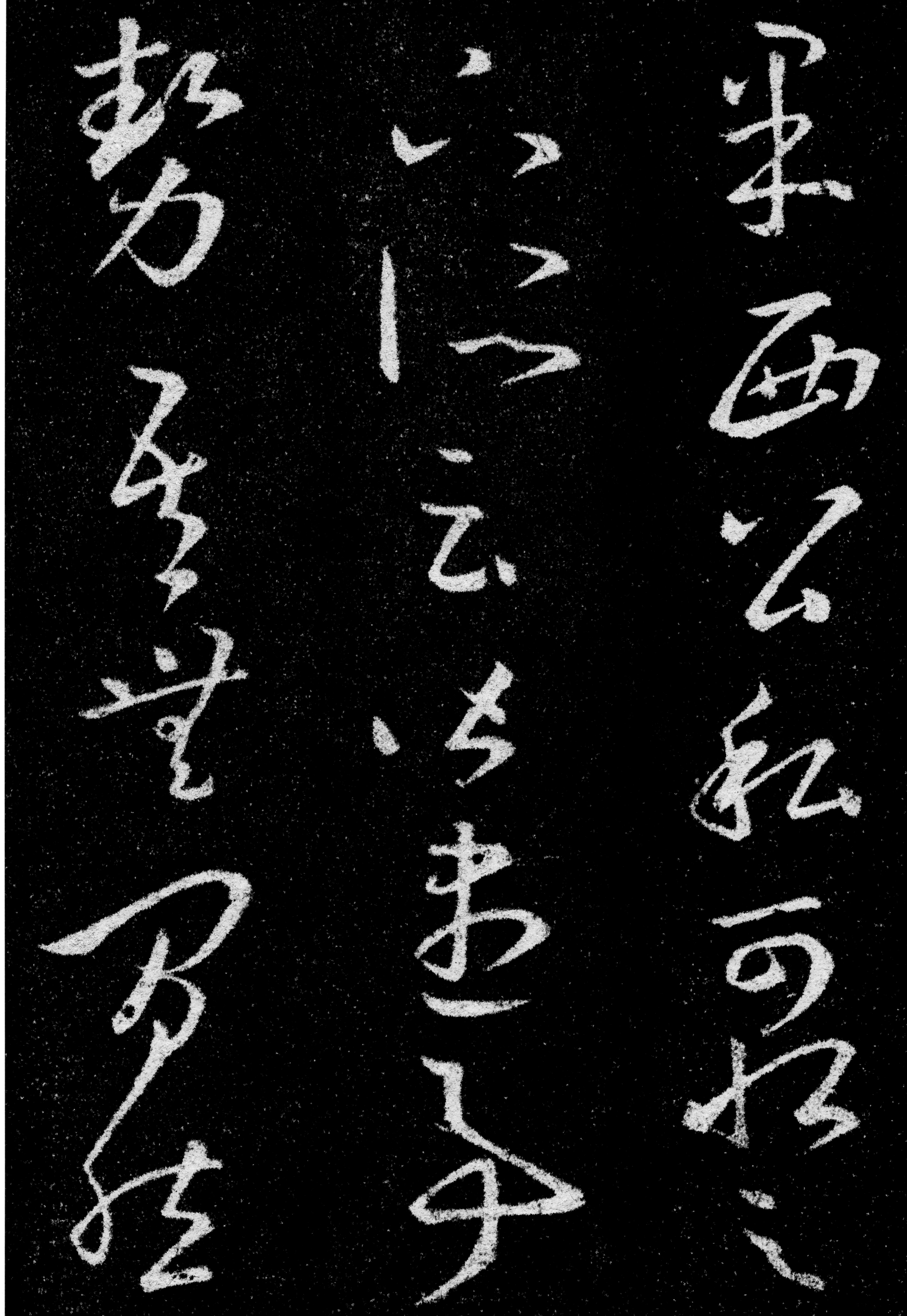

果西公私可恨足下所云皆盡事勢吾無間然

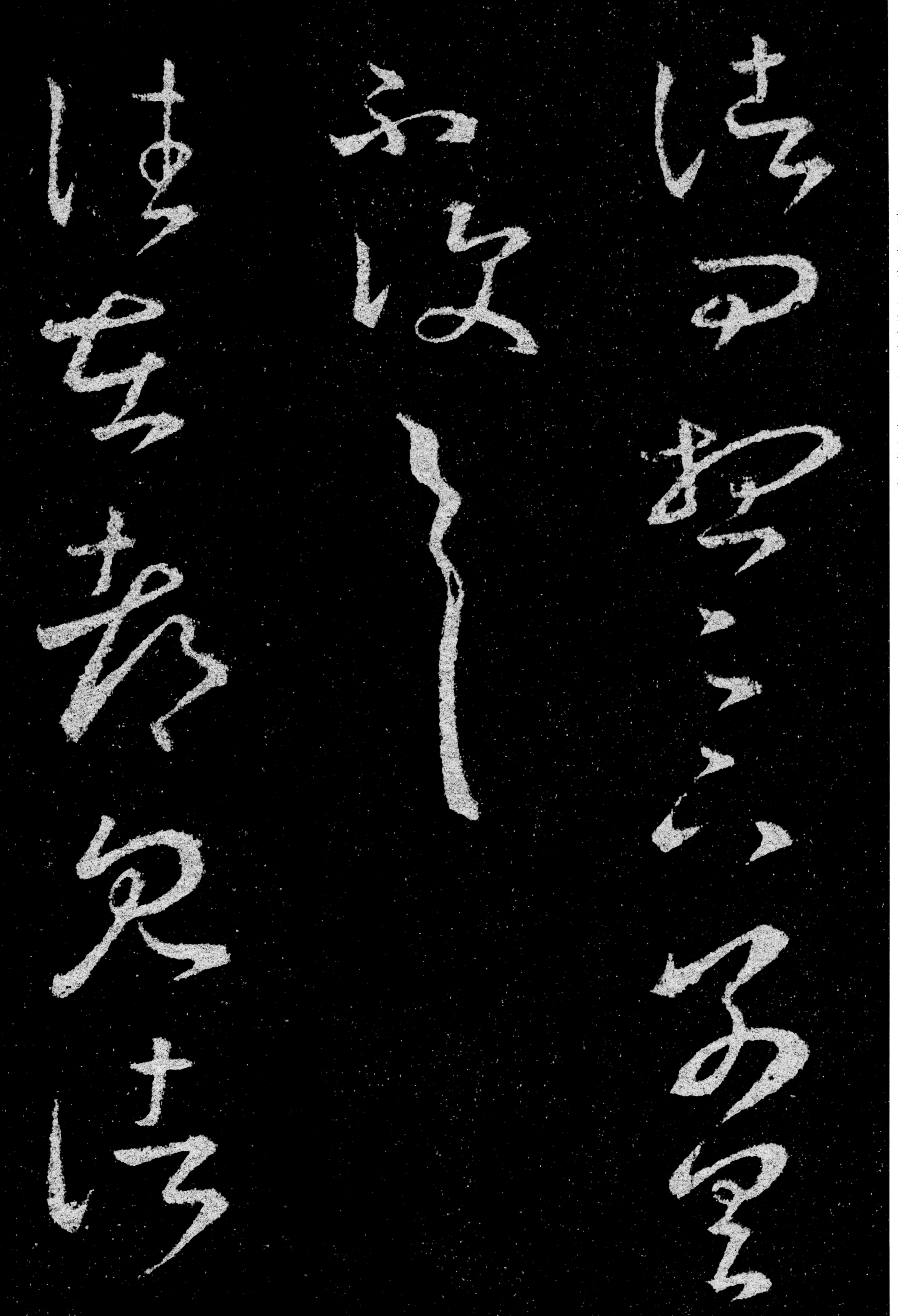

諸問想足下别具不復一一　往在都見諸

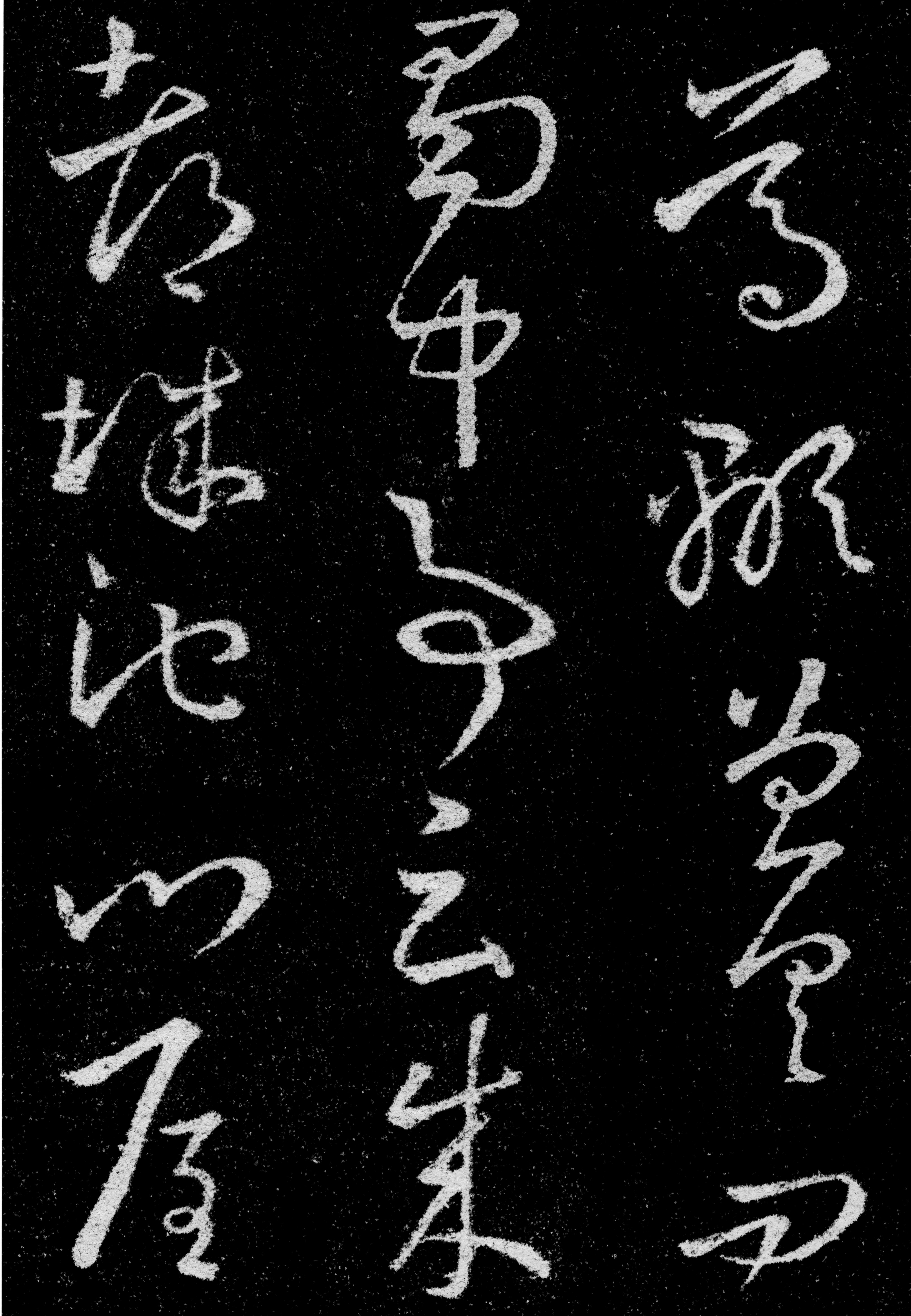

葛顯曾具問蜀中事云成都城池門屋

樓觀皆是秦時司馬錯所脩令人遠想慨然爲尔不信

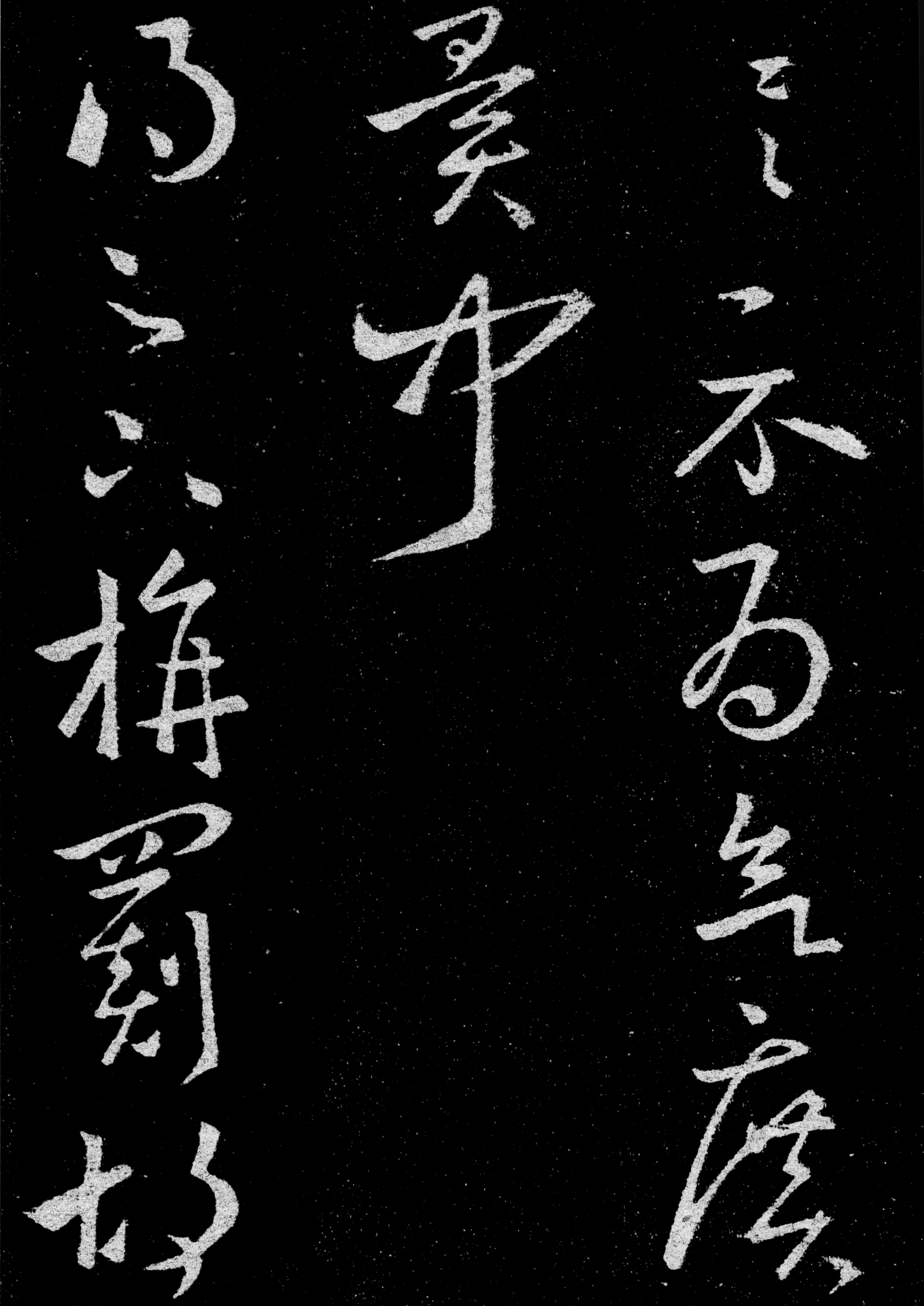

一一示爲欲廣異聞　得足下旃罽胡

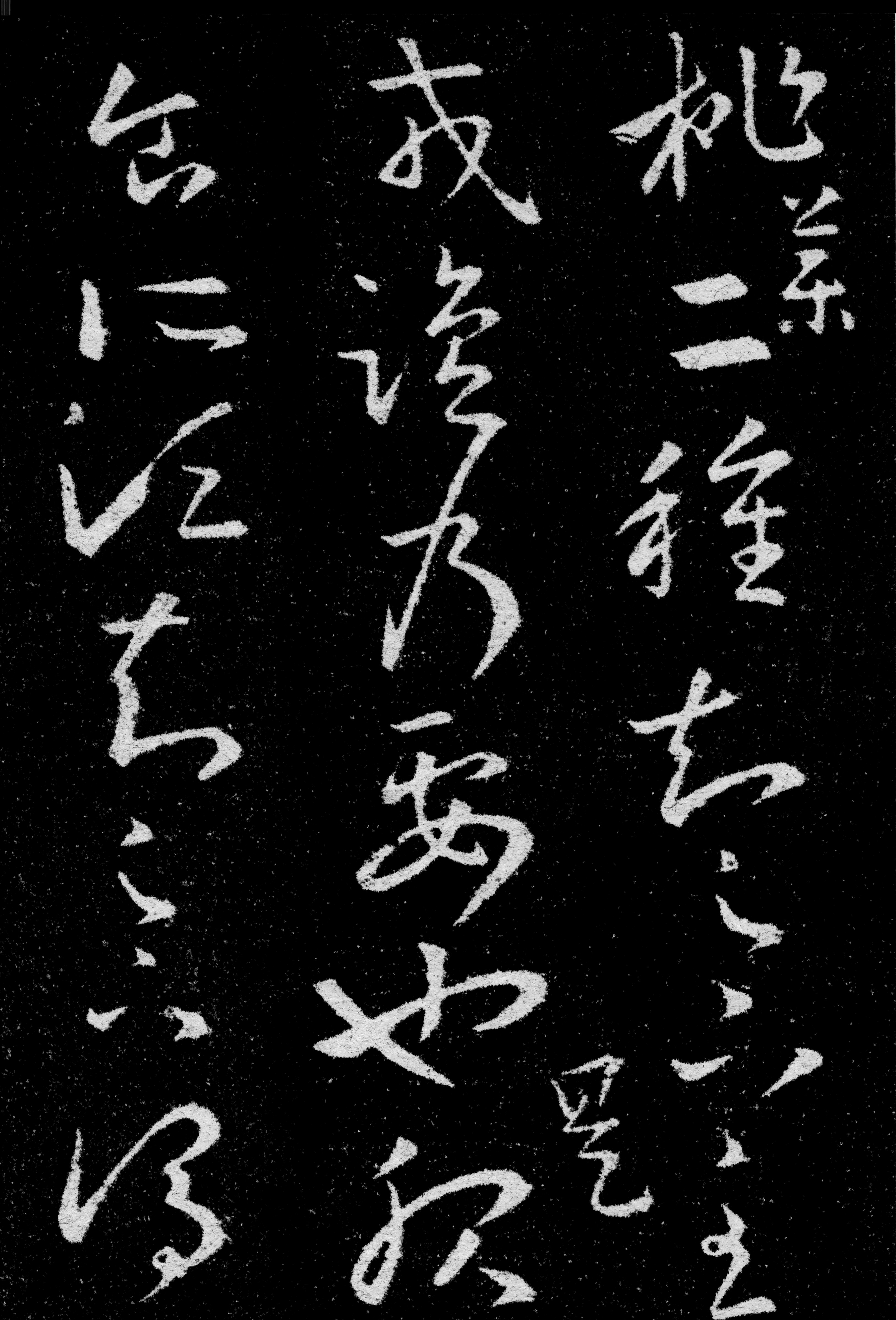

桃藥二種知足下至戎鹽乃要也是服食所須知足下得

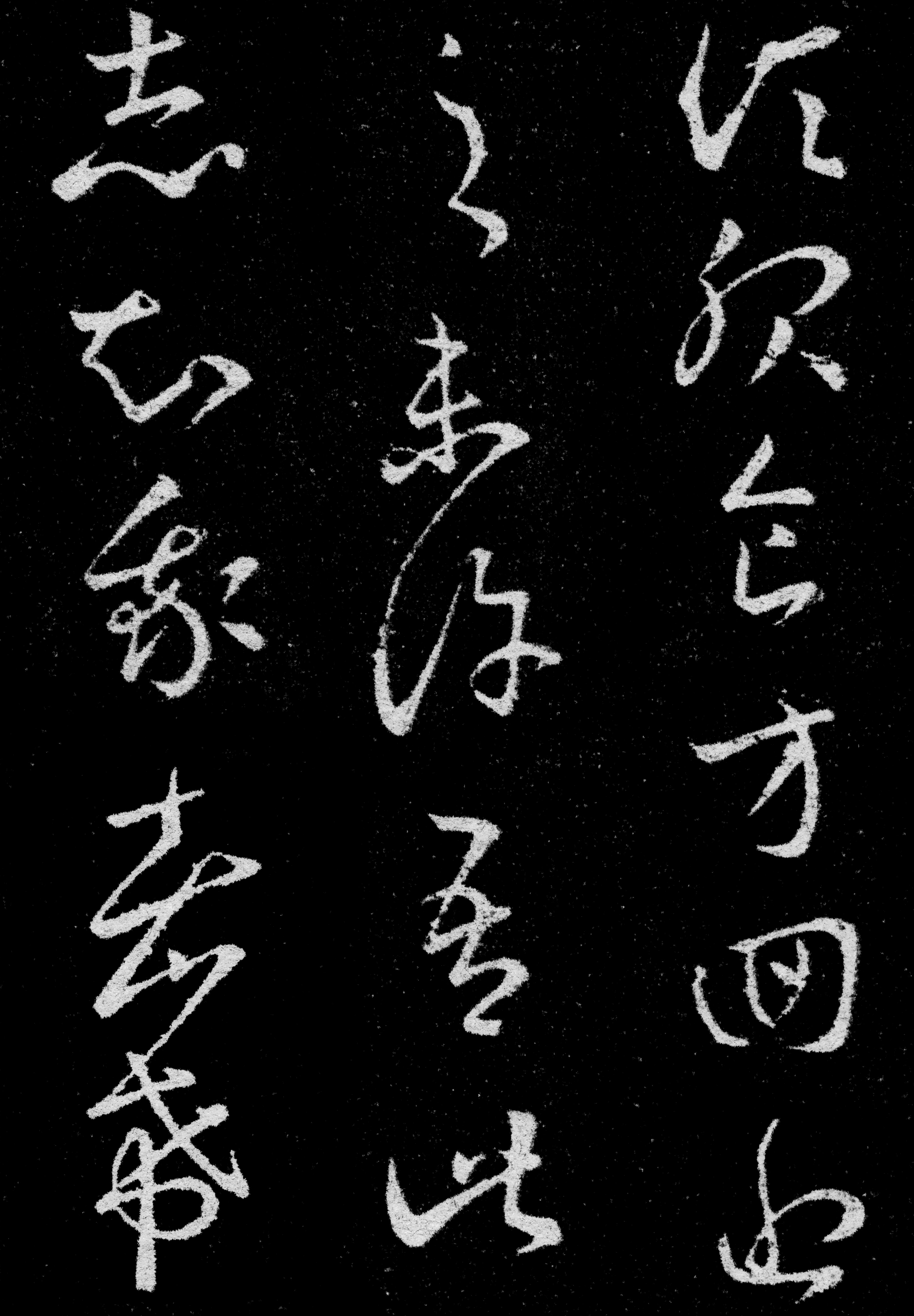

須服食方回近之未許吾此志知我者希

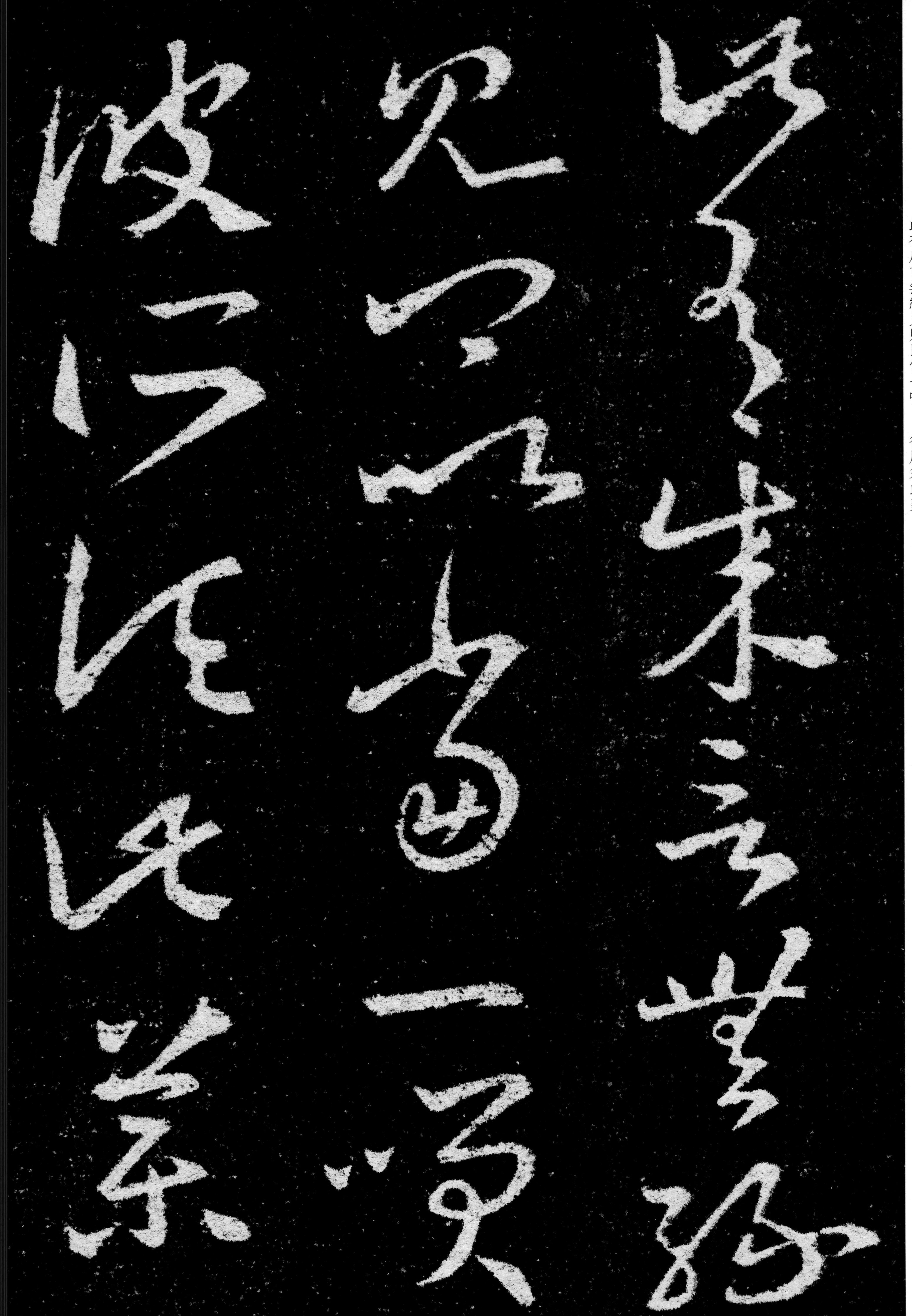

此有成言無緣見卿以當一咲　彼所須此藥

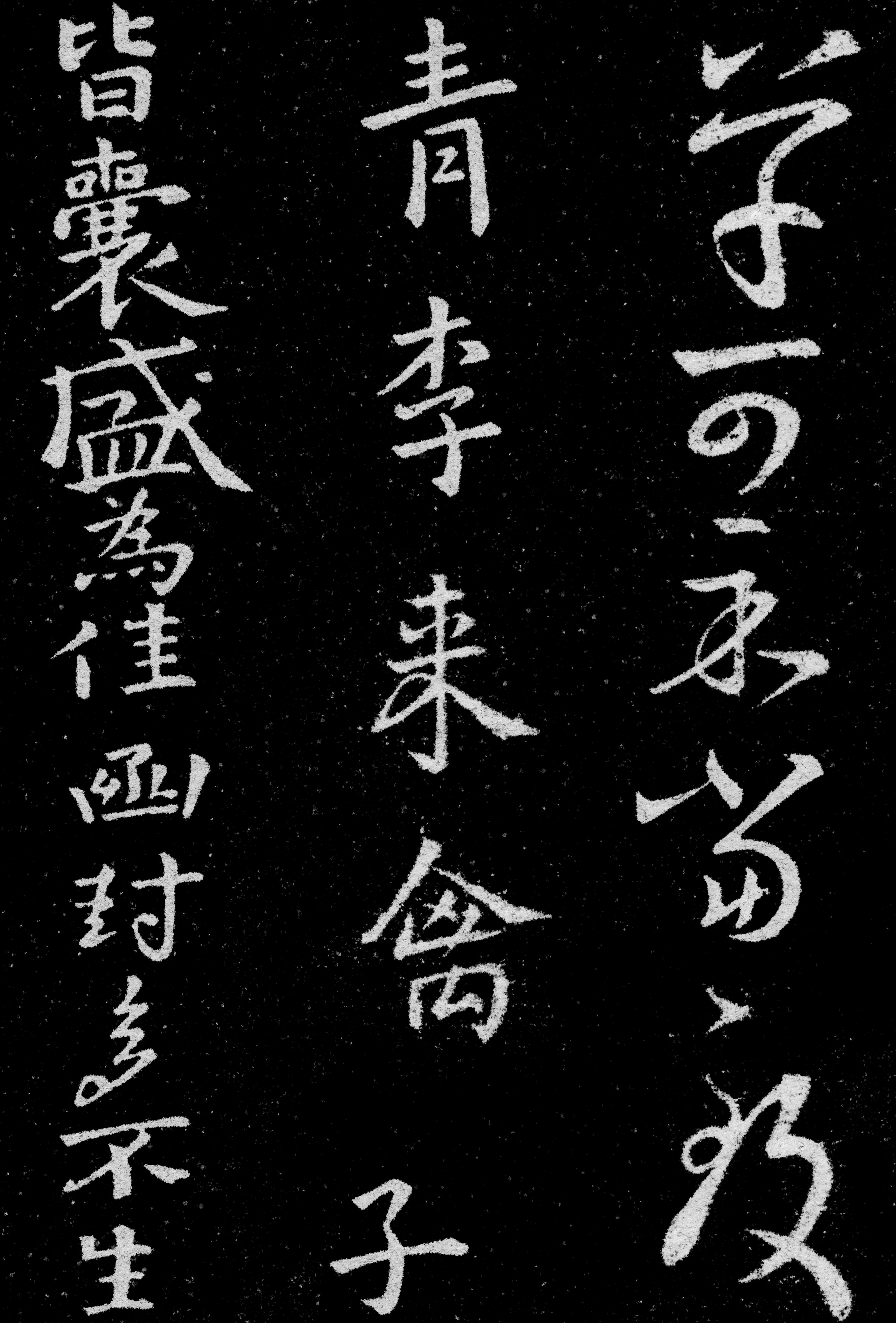

草可示當致

青李來禽

子皆囊盛爲佳函封多不生

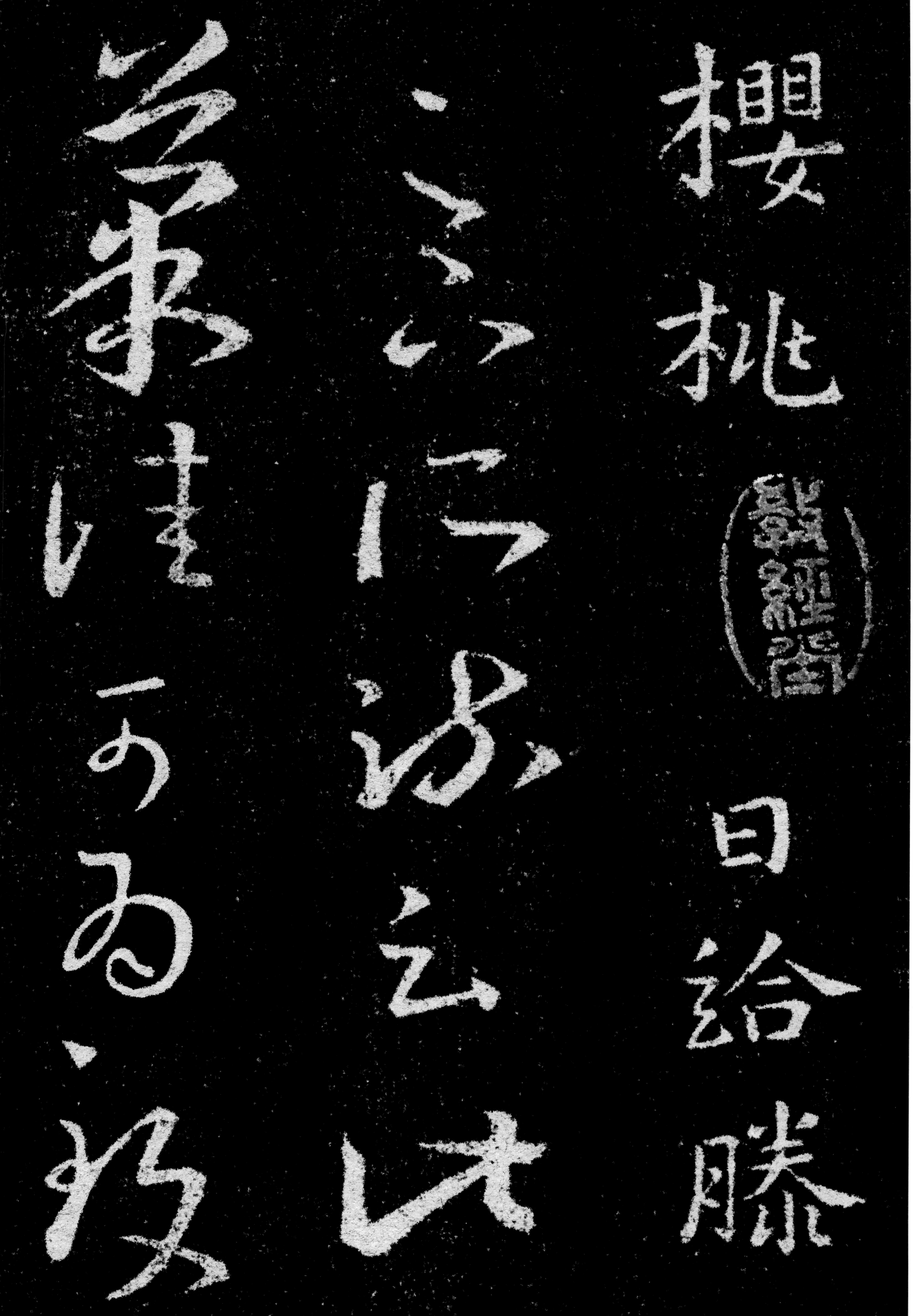

櫻桃日給滕　足下所疏云此菓佳可爲致

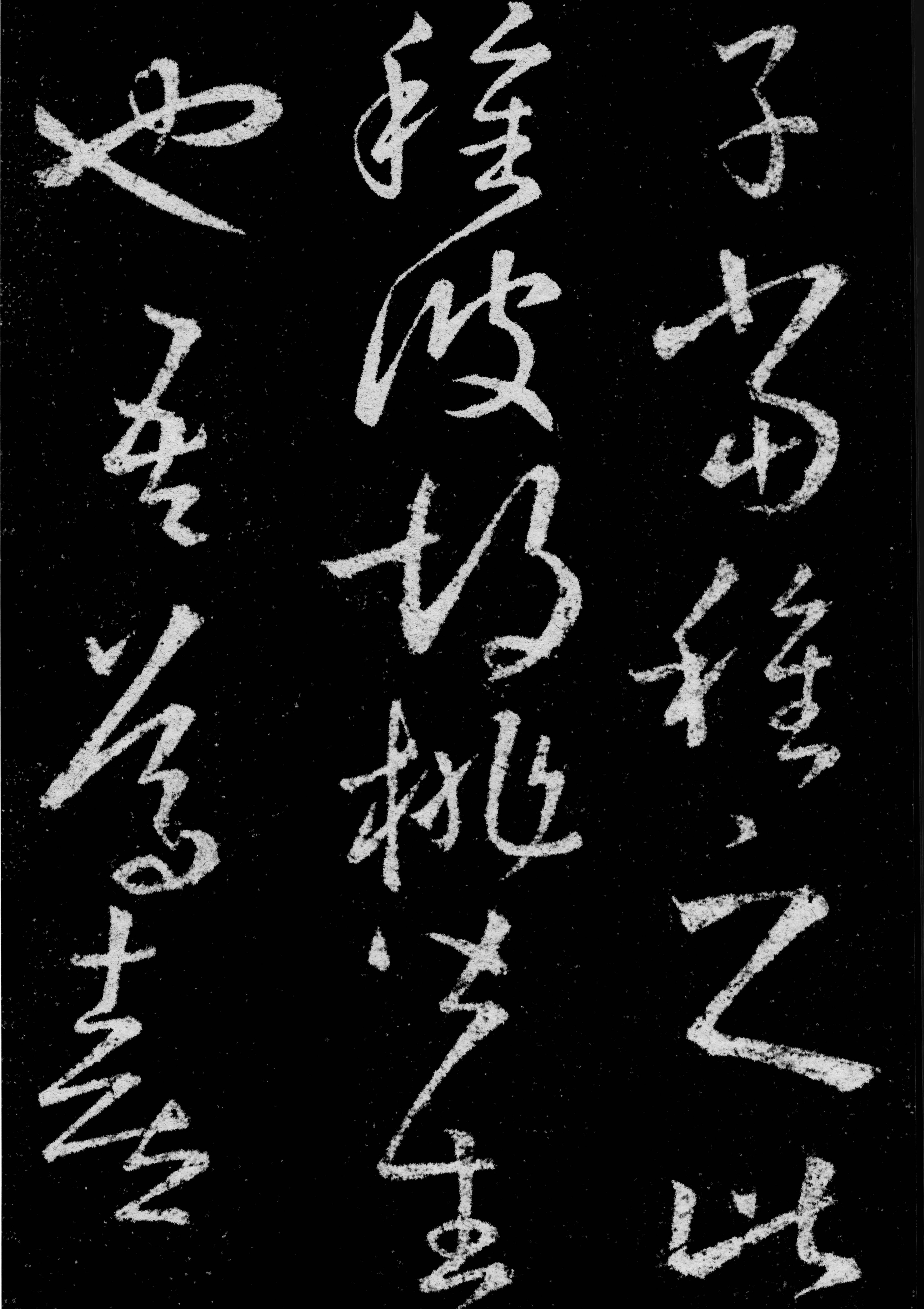

子當種之此種彼胡桃皆生也吾篤喜

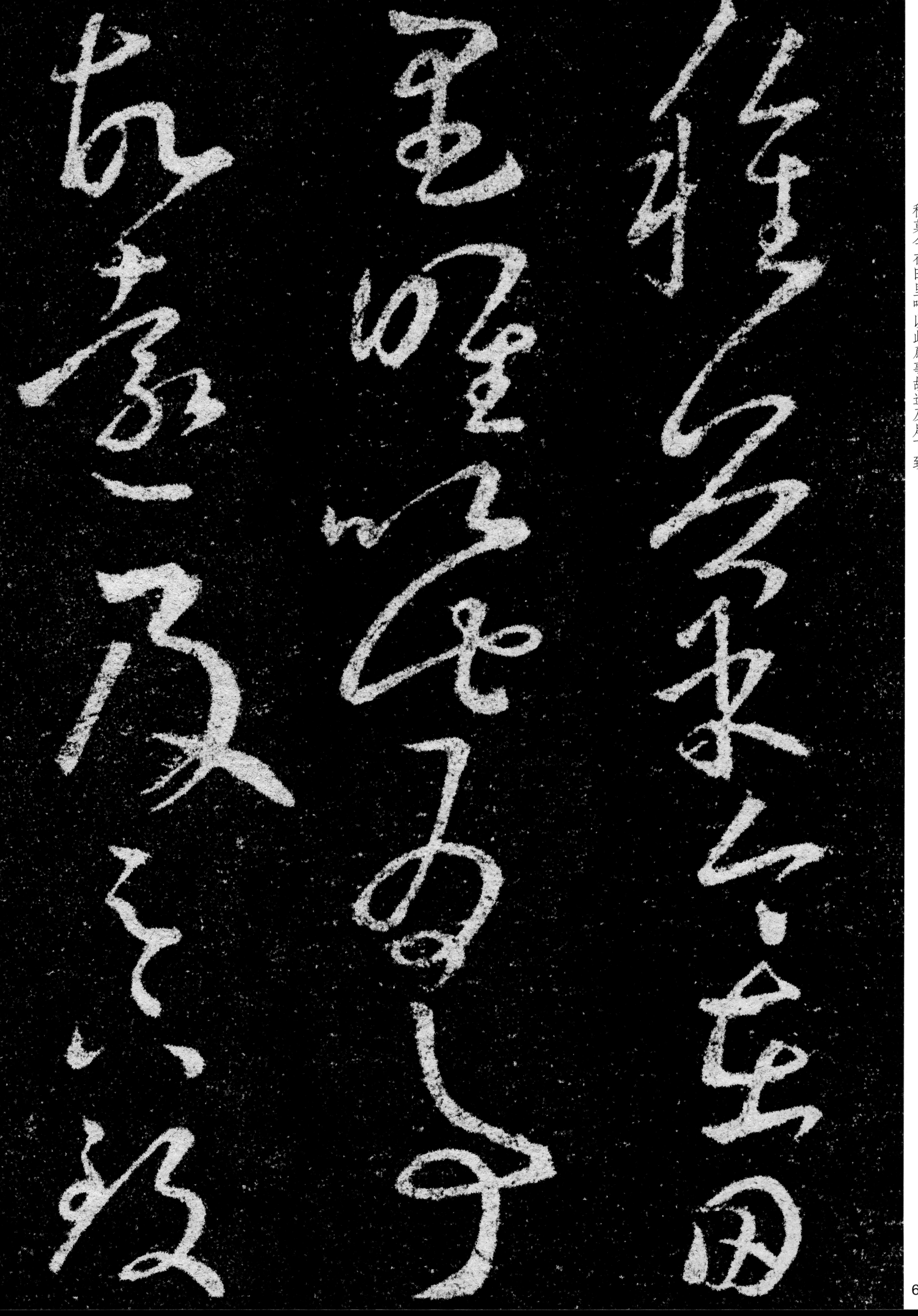

種菓今在田里唯以此爲事故遠及足下致

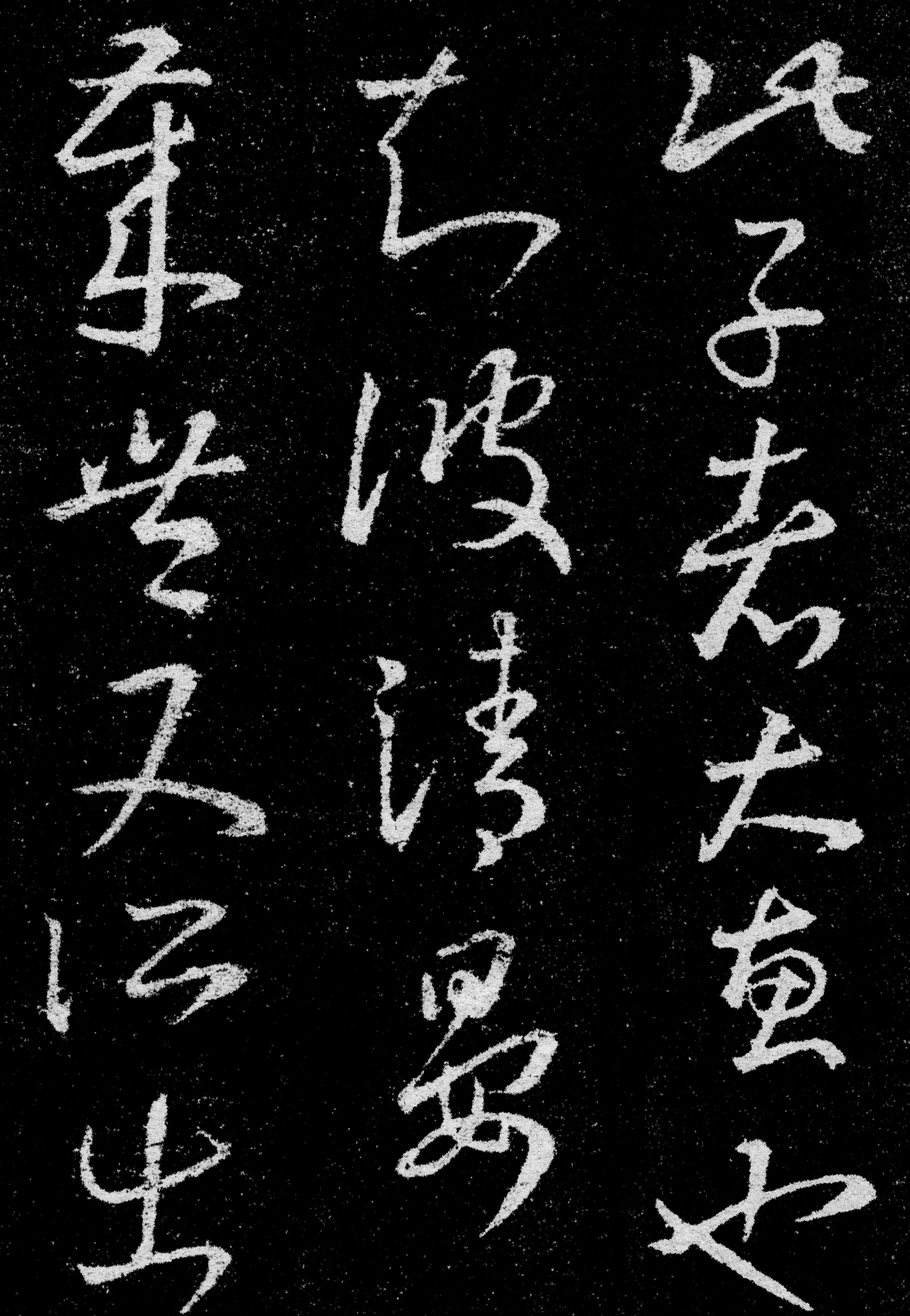

此子者大惠也　知彼清晏歲豐又所出

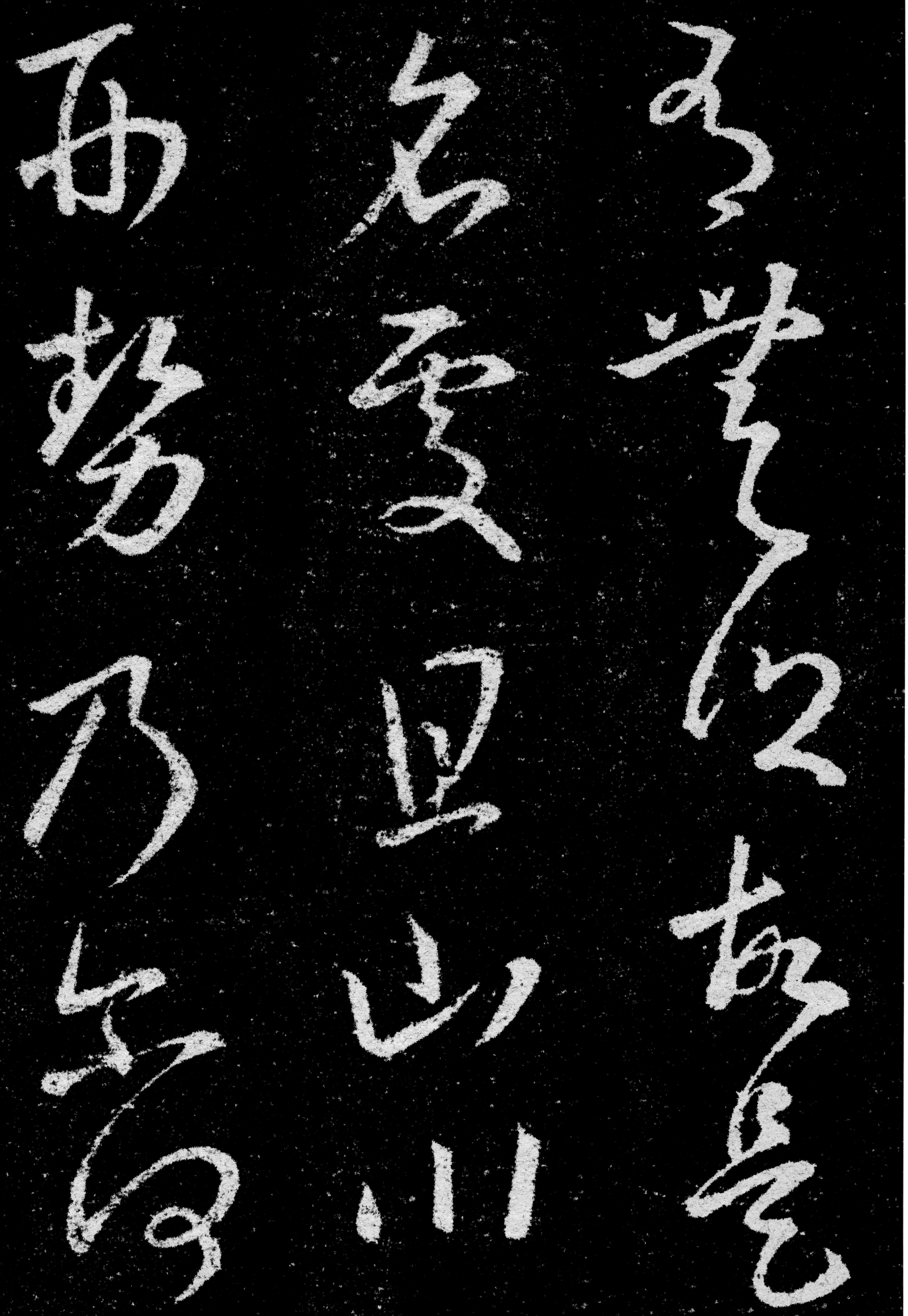

有無乏故是名處且山川形勢乃尔何

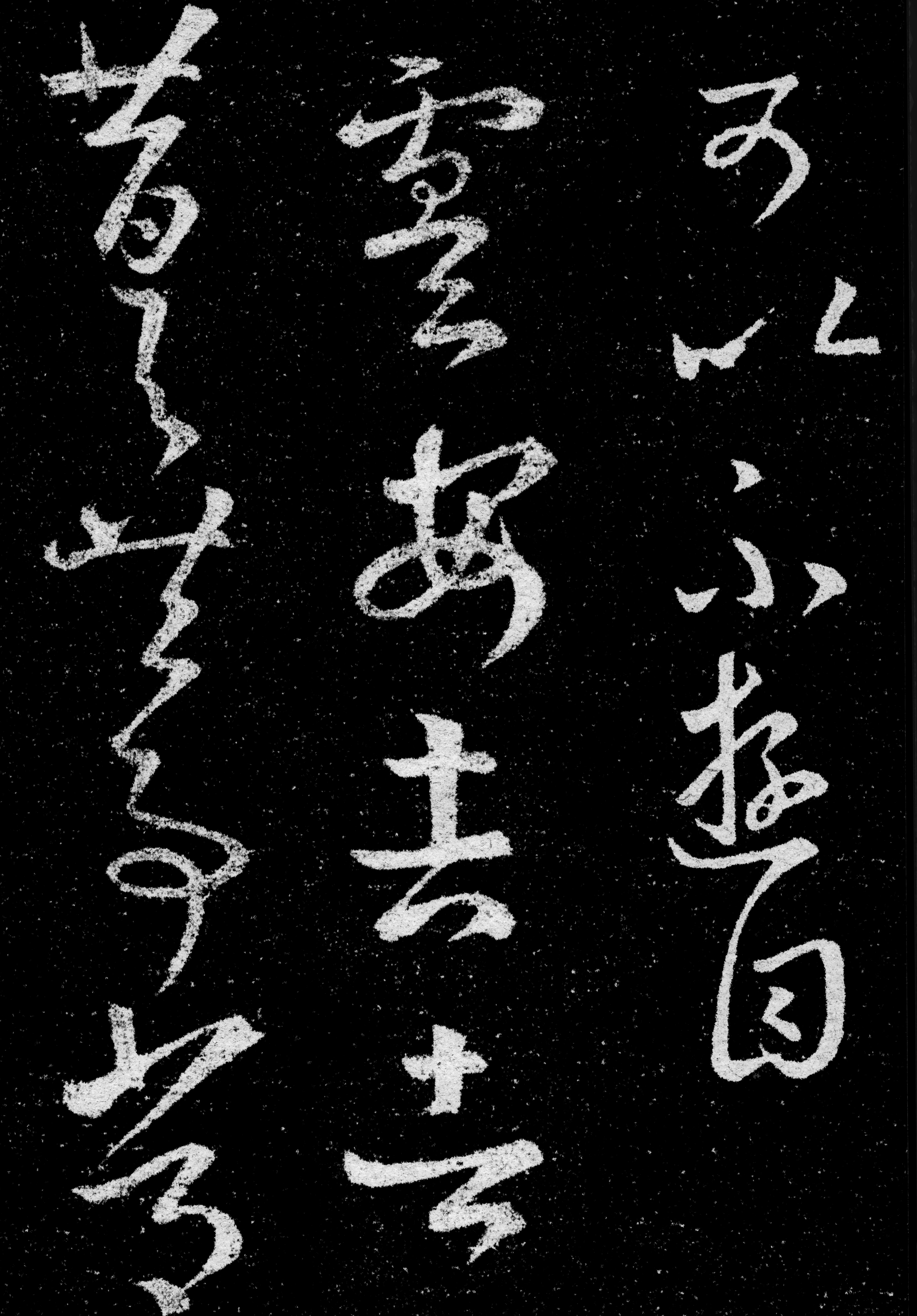

可以不游目　虞安吉者昔與共事常

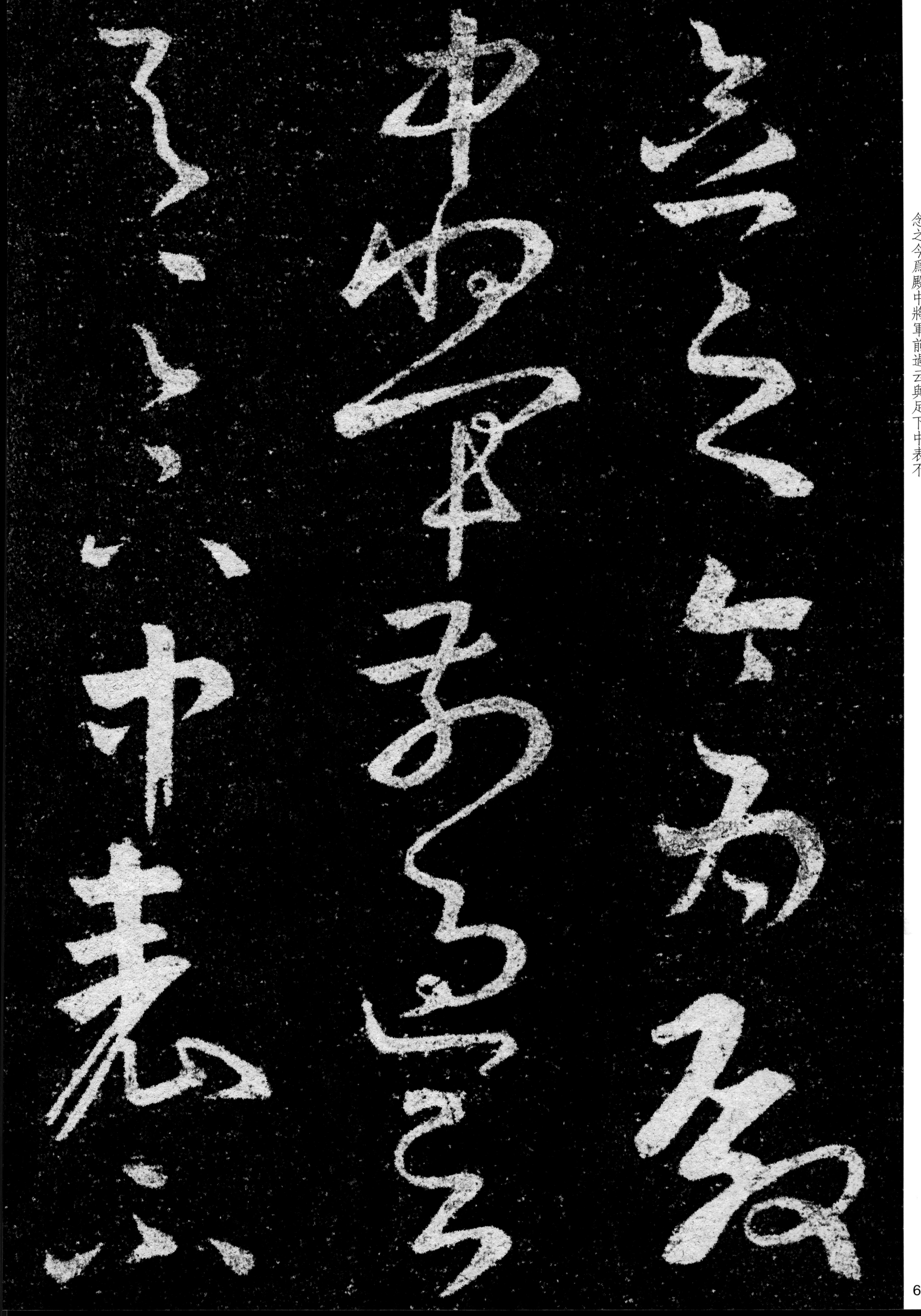

念之今爲殿中將軍前過云與足下中表不

以年老甚欲與足下爲下寮意其資

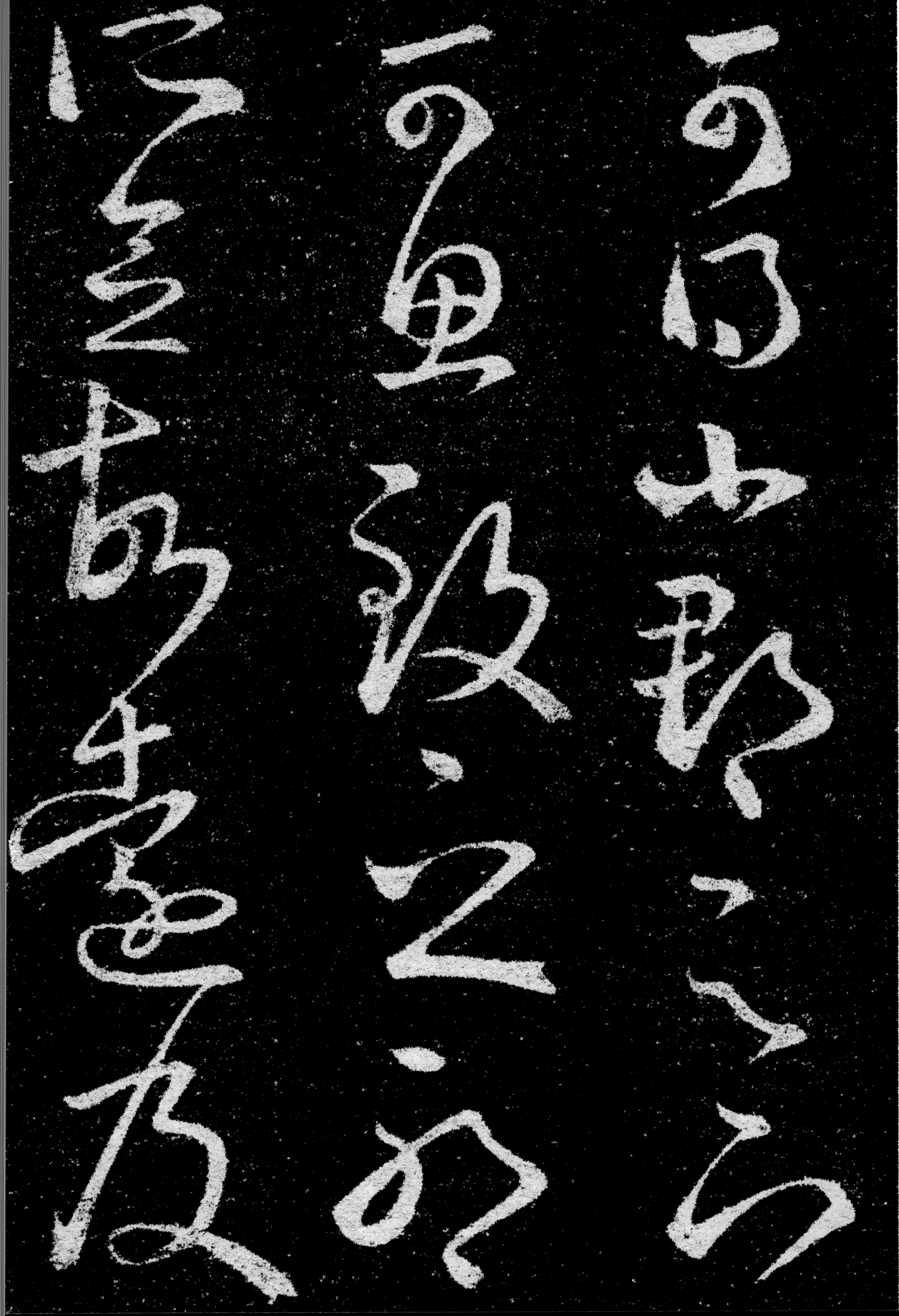

可得小郡足下可思致之耶所念故遠及

敕

付直弘文館
臣解无畏勒
充館本
臣褚遂良校
無失